ACADEMIC

KOREAN READING

Intermediate Level I

대학 강의 수강을 위한

한국어 읽기

중급 I

연세대학교 한국어학당 편

연세대학교 출판문화원

대학 강의 수강을 위한

한국어 읽기 (중급 Ⅰ)

편저자 연세대학교 한국어학당 교재편찬위원회
집필진 한송화 · 강혜림 · 조인옥 · 박민진 · 박지원
펴낸곳 연세대학교 출판문화원

주소 서울시 서대문구 연세로 50
전화 02) 2123-3380~2
팩스 02) 2123-8673
ysup@yonsei.ac.kr
http://www.yonsei.ac.kr/press
등록 1955년 10월 13일 제9-60호
인쇄 화신문화(주)
삽화 문춘경 외

2012년 5월 25일 1판 1쇄 2026년 3월 13일 1판 13쇄

ISBN 978-89-7141-991-5 (08710)
978-89-7141-987-8 (세트)

값 9,000원

머리말

국내 최고의 명성으로 한국어 교육의 50년 전통을 이어 온 연세대학교 언어연구교육원 한국어학당에서는 한국어 교육의 질을 높이기 위해 그동안 많은 교재를 편찬해 왔다. 최근 한국 내 대학, 대학원에서 수학하고 있거나 진학하고자 하는 외국인이 증가함에 따라 학문을 목적으로 하는 한국어 교재에 대한 학습자들의 요구가 높아지고 있다. 이에 따라 연세대학교 언어연구교육원 한국어학당에서는 대학 수학을 목적으로 하는 외국인 유학생들을 대상으로 한국어와 한국 문화를 교육할 수 있는 새로운 교재를 출간하게 되었다.

연세대학교 언어연구교육원 한국어학당에서 출간하는 이 교재는 대학 생활에 필요한 의사소통 기능을 집중적으로 향상시킬 수 있는 『대학 생활을 위한 한국어』 시리즈와 대학에서의 수학 능력을 집중적으로 향상시킬 수 있는 『대학 강의 수강을 위한 한국어』 시리즈로 되어 있다. 『대학 생활을 위한 한국어』 시리즈는 초급 학습자를 위한 『대학 생활을 위한 한국어 초급』, 중급 학습자를 위한 『대학 생활을 위한 한국어 중급Ⅰ』, 『대학 생활을 위한 한국어 중급Ⅱ』로 되어 있으며, 『대학 강의 수강을 위한 한국어』 시리즈는 중급 학습자를 위한 『대학 강의 수강을 위한 한국어 중급Ⅰ』, 『대학 강의 수강을 위한 한국어 중급Ⅱ』 그리고 고급 학습자를 위한 『대학 강의 수강을 위한 한국어 고급』으로 되어 있다.

『대학 생활을 위한 한국어』 시리즈는 한국어 학습 단계별로 요구되는 내용을 주제로 말하기, 듣기, 쓰기 능력을 향상할 수 있도록 다양한 과제와 활동으로 구성된 분리형 교재이다. 그리고 『대학 강의 수강을 위한 한국어』 시리즈는 대학 수학에서 요구되는 기능과 장르를 중심으로 말하기, 듣기, 쓰기, 읽기 능력을 향상할 수 있도록 실용적인 과제와 활동으로 구성된 분리형 교재이다. 이들 교재에서는 학습자들이 흥미를 가질 수 있는 주제와 상황을 기초로 여러 가지 의사소통 기능 및 전략을 배울 수 있도록 배려하였다.

『대학 생활을 위한 한국어』와 『대학 강의 수강을 위한 한국어』가 연세대학교 언어연구교육원 한국어학당에서 공부하는 학생들뿐만 아니라 한국 내에서 대학, 대학원 수학을 목적으로 하고 있는 모든 한국어 학습자들에게 도움이 되기를 바란다.

연세대학교 언어연구교육원
한국어학당 교재편찬위원회

일러두기

- 『대학 강의 수강을 위한 한국어 읽기 중급 Ⅰ』은 총 10개의 단원으로 이루어져 있고 뒤에 모범 답안과 색인, 읽기의 원전 출처가 학습자를 위한 자료로 붙어 있다.
- 각 단원에서는 제목과 함께 담화 형식 및 기능이 드러나도록 학습목표가 제시된다.
- 각 단원은 모두 세 단계로 구성되며, 이는 [준비해 봅시다], [읽어 봅시다], [정리해 봅시다]로 구성된다.

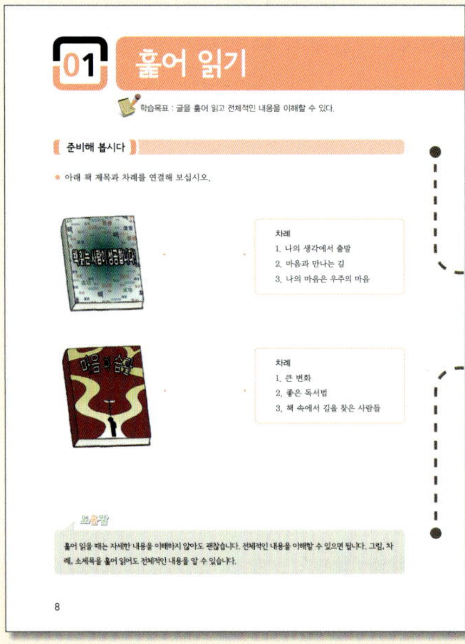

01 훑어 읽기

학습목표 : 글을 훑어 읽고 전체적인 내용을 이해할 수 있다.

준비해 봅시다

- 아래 책 제목과 차례를 연결해 보십시오.

차례
1. 나의 생각에서 출발
2. 마음과 만나는 길
3. 나의 마음은 우주의 마음

차례
1. 큰 변화
2. 좋은 독서법
3. 책 속에서 길을 찾은 사람들

훑어 읽을 때는 자세한 내용을 이해하지 않아도 괜찮습니다. 전체적인 내용을 이해할 수 있으면 됩니다. 그림, 차례, 소제목을 훑어 읽어도 전체적인 내용을 알 수 있습니다.

8

준비해 봅시다

도입 단계로서 단원의 학습목표 기능에 대한 선지식을 불러일으킬 수 있는 읽기 활동으로 구성된다.

- 학습목표 기능에 관한 학습자의 스키마를 활성화할 수 있도록 목표 읽기 기능이 드러나는 짧은 텍스트가 제시된다.
- 읽기 전략을 확인할 수 있도록 학습목표 기능에 대한 간단한 설명이 제시된다.

읽어 봅시다

총 2단계로 구성되며, 각 단계는 난이도와 길이에 있어서 각각 구분이 되도록 구성하였다.

- Ⅰ단계에서는 목표 읽기 기능을 연습할 수 있도록 한 단락(혹은 짧은 길이의 두 단락) 정도의 다양한 주제의 짧은 텍스트가 3개 제시된다.
- 학습목표 기능을 확인할 수 있는 질문이 제시된다.

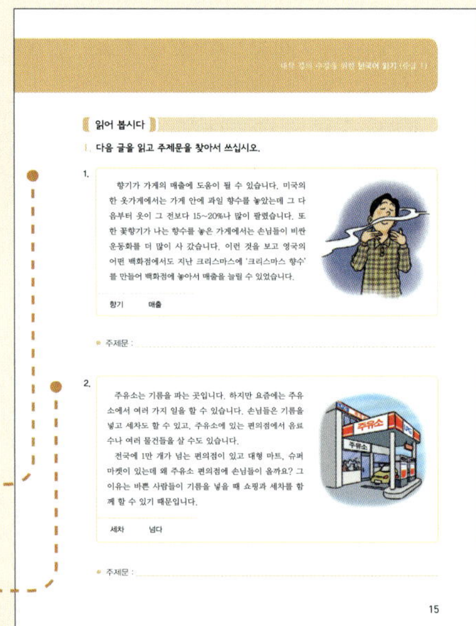

읽어 봅시다

Ⅰ. 다음 글을 읽고 주제문을 찾아서 쓰십시오.

1. 향기가 가게의 매출에 도움이 될 수 있습니다. 미국의 한 옷가게에서는 가게 안에 과일 향수를 놓았는데 그 다음부터 옷이 그 전보다 15~20%나 많이 팔렸습니다. 또한 꽃향기가 나는 향수를 놓은 가게에서는 손님들이 비싼 운동화를 더 많이 사 갔습니다. 이런 것을 보고 영국의 어떤 백화점에서도 지난 크리스마스에 '크리스마스 향수'를 만들어 백화점에 놓아서 매출을 늘릴 수 있었습니다.

향기 매출

- 주제문 :

2. 주유소는 기름을 파는 곳입니다. 하지만 요즘에는 주유소에서 여러 가지 일을 할 수 있습니다. 손님들은 기름을 넣고 세차도 할 수 있고, 주유소에 있는 편의점에서 음료수나 여러 물건들을 살 수도 있습니다.
전국에 1만 개가 넘는 편의점이 있고 대형 마트, 슈퍼마켓이 있는데 왜 주유소 편의점에 손님들이 올까요? 그 이유는 바쁜 사람들이 기름을 넣을 때 쇼핑과 세차를 함께 할 수 있기 때문입니다.

세차 넘다

- 주제문 :

15

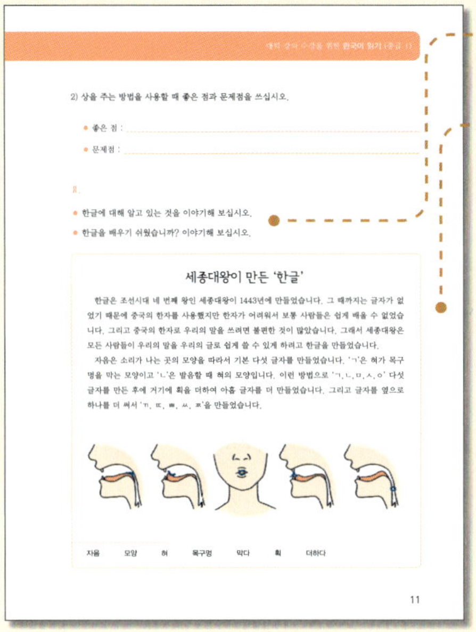
대학 강의 수강을 위한 한국어 읽기 (중급 1)

2) 상을 주는 방법을 사용할 때 좋은 점과 문제점을 쓰십시오.

- 좋은 점 :
- 문제점 :

- 한글에 대해 알고 있는 것을 이야기해 보십시오.
- 한글을 배우기 쉬웠습니까? 이야기해 보십시오.

세종대왕이 만든 '한글'

한글은 조선시대 네 번째 왕인 세종대왕이 1443년에 만들었습니다. 그 때까지는 글자가 없었기 때문에 중국의 한자를 사용했지만 한자가 어려워서 보통 사람들은 쉽게 배울 수 없었습니다. 그리고 중국의 한자로 우리의 말을 쓰려면 불편한 것이 많았습니다. 그래서 세종대왕은 모든 사람들이 우리의 말을 우리의 글로 쉽게 쓸 수 있게 하려고 한글을 만들었습니다.

자음은 소리가 나는 곳의 모양을 따라서 기본 다섯 글자를 만들었습니다. 'ㄱ'은 혀가 목구멍을 막는 모양이고 'ㄴ'은 발음할 때 혀의 모양입니다. 이런 방법으로 'ㄱ, ㄴ, ㅁ, ㅅ, ㅇ' 다섯 글자를 만든 후에 거기에 획을 더하여 아홉 글자를 더 만들었습니다. 그리고 글자를 옆으로 하나를 더 써서 'ㄲ, ㄸ, ㅃ, ㅆ, ㅉ'을 만들었습니다.

자음 모양 혀 목구멍 막다 획 더하다

11

- Ⅱ단계에서는 다단락 구조의 통일된 텍스트가 제공되는데, 먼저 목표 읽기 기능과 관련된 읽기 전 활동을 할 수 있는 질문이 제시된다.
- Ⅱ단계의 텍스트는 되도록 목표 읽기 기능을 잘 구현하고 있는 텍스트를 선정하였으며, 〈중급 I〉단계 학습자에게 적절하고 흥미 있는 텍스트로 선정하였다.

대학 강의 수강을 위한 한국어 읽기 (중급 1)

1) 위 글을 읽고 다음 내용을 전체 글의 내용 순서에 맞게 번호를 쓰십시오.

(❷) → ( ) → ( ) → ( )

❶ 자음을 만든 방법 ❷ 한글을 만든 이유
❸ 한글의 장점 ❹ 모음을 만든 방법

2) 이 글에서 자음을 만든 방법으로 틀린 것을 고르십시오. ( )

❶ 발음할 때 소리가 나는 곳의 모양을 따라서
❷ 발음을 하는 방법을 따라서
❸ 기본 자음에 획을 더하여서
❹ 글자를 옆으로 하나를 더 붙여서

3) 이 글에서 세종대왕이 한글을 만든 이유 두 가지를 쓰십시오.

4) 여러분이 생각하는 한글의 장점은 무엇입니까? 이야기해 보십시오.

정리해 봅시다

훑어 읽기를 한 후에 글을 읽으면 내용을 더 잘 이해할 수 있습니까? 친구들과 같이 이야기해 보십시오.

13

Ⅱ단계에서는 학습자의 내용 이해를 돕기 위해 내용 이해 질문과 정리형 질문이 제시된다. 그리고 마지막으로 읽기 내용을 개인화할 수 있도록 추론이나 토론 등 다양한 활동으로 확대할 수 있는 연계형 질문이 제시된다.

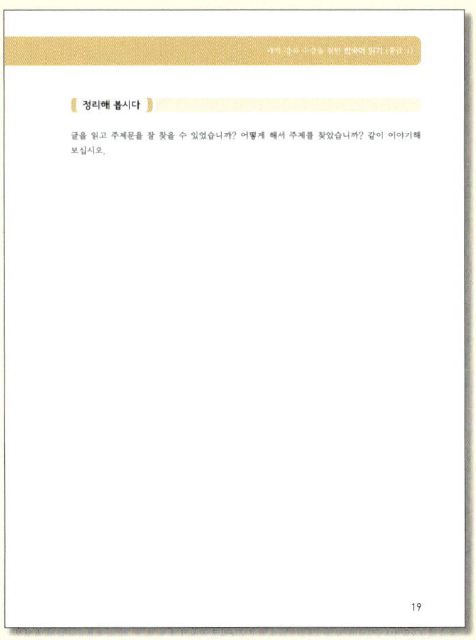
대학 강의 수강을 위한 한국어 읽기 (중급 1)

정리해 봅시다

글을 읽고 주제문을 잘 찾을 수 있었습니까? 어떻게 해서 주제를 찾았습니까? 같이 이야기해 보십시오.

19

정리해 봅시다

읽기 활동에 대한 평가 혹은 비교를 통해 읽기 활동을 정리하고 마무리한다.

차례

내용 구성

과	제목	과제와 기능	글의 종류
1	훑어 읽기	훑어 읽고 전체 내용 이해하기	설명하는 글
2	주제문 찾기	주제문 이용하여 내용 이해하기	설명하는 글
3	핵심어 찾기	핵심어를 이용하여 내용 이해하기	설명하는 글
4	정보 찾기	글을 읽고 필요한 정보 찾기	설명하는 글
5	논점 파악하기	글쓴이의 주장이나 논점 파악하기	주장하는 글
6	구조 파악하기 1	비교와 대조 구조의 글 이해하기	설명하는 글
7	구조 파악하기 2	예시와 분석 구조의 글 이해하기	설명하는 글
8	세부 내용 파악하기 1	중심 내용과 세부 내용 파악하기	설명하는 글
9	세부 내용 파악하기 2	도식화를 이용하여 세부 내용 파악하기	설명하는 글
10	모르는 단어 추측하기	모르는 단어 추측해서 내용 이해하기	설명하는 글

01 훑어 읽기

학습목표 : 글을 훑어 읽고 전체적인 내용을 이해할 수 있다.

준비해 봅시다

● 아래 책 제목과 차례를 연결해 보십시오.

차례
1. 나의 생각에서 출발
2. 마음과 만나는 길
3. 나의 마음은 우주의 마음

차례
1. 큰 변화
2. 좋은 독서법
3. 책 속에서 길을 찾은 사람들

도움말

훑어 읽을 때는 자세한 내용을 이해하지 않아도 괜찮습니다. 전체적인 내용을 이해할 수 있으면 됩니다. 그림, 차례, 소제목을 훑어 읽어도 전체적인 내용을 알 수 있습니다.

읽어 봅시다

Ⅰ. 다음 글을 훑어 읽고 내용을 파악해 보십시오.

1.

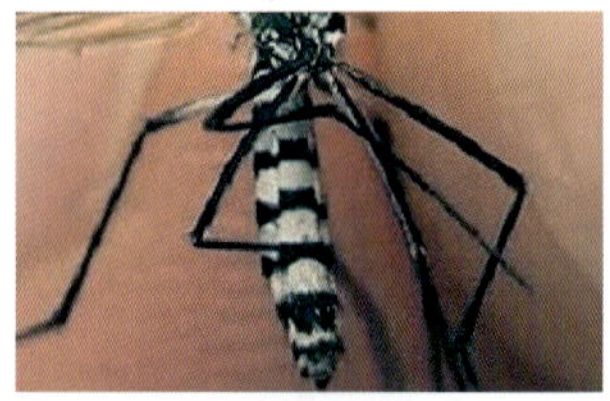

집에 있는 모기와 산에 있는 모기는 다릅니다. 산에 있는 모기는 크기가 좀 더 작고 몸에 무늬가 있습니다. 그 무늬가 운동화 상표로 유명한 '아디다스' 상표와 비슷해서 산에 있는 모기를 '아디다스 모기'라고도 부릅니다. 아디다스 모기가 물면 집에 있는 모기가 물었을 때보다 3배 정도 더 가렵습니다. 그러므로 산에 갈 때는 이 아디다스 모기를 조심해야 합니다.

adidas

모기　　무늬　　상표　　물다　　가렵다

1) 위의 사진을 보고 무슨 생각을 했습니까?

2) 위 글은 무엇에 대한 이야기입니까? 고르십시오. (　　　)

❶ 산모기　　❷ 집모기　　❸ 운동화　　❹ 등산

2.

바다에 들어가서 조개 같은 해산물을 잡아오는 여자를 '해녀'라고 합니다. 그런데 보통 남자들은 이런 일을 안 합니다. 그런데 왜 남자들은 안 할까요? 남자들은 배를 타고 바다에 나가 물고기를 잡아야 하기 때문이기도 하지만 다른 이유가 있습니다. 여자가 남자보다 몸에 지방이 많기 때문에 추운 바다에서 더 오랫동안 있을 수 있습니다. 하지만 바닷물이 따뜻하면 남자가 바다 속에 들어갑니다. 그래서 바닷물이 따뜻한 나라에서는 남자가 바다 물속에 들어가서 해산물을 잡습니다.

해산물　　해녀　　지방

1) 위 글의 제목으로 적당한 것을 고르십시오. (　　)

❶ 여자 일과 남자 일이 따로 있습니다.
❷ 왜 여자들이 해녀가 되었을까?
❸ 남자 해녀도 많습니다.
❹ 누가 바다 속에 오래 있을까?

2) 해녀가 하는 일을 남자들이 잘 안 하는 이유는 무엇입니까? 두 개 고르십시오. (　　,　　)

❶ 바닷물이 따뜻하기 때문에
❷ 남자들은 몸에 지방이 많기 때문에
❸ 남자는 바다에 나가 물고기를 잡아야 하기 때문에
❹ 남자가 여자보다 추운 바다에 오래 있을 수 없기 때문에

3.

아이들을 교육시킬 때 상을 주는 방법을 많이 사용합니다. 특히 공부를 하고 싶어하지 않는 아이를 열심히 공부하게 만들기 위해서 숙제를 잘 했을 때나 시험 점수가 좋을 때 상을 줍니다. 그런데 이렇게 상을 주는 방법은 문제가 있습니다. 이 방법을 계속 쓰면 상이 없을 때는 아이들이 열심히 하지 않게 됩니다. 상을 받을 수 없는 어떤 일을 해야 하면 아이는 그 일을 하지 않으려고 할 것입니다. 공부의 목적이 상을 받는 것이기 때문에 그 목적이 없으면 공부를 하지 않습니다.

상　　목적

1) 위 글을 쓴 사람이 하고 싶어하는 이야기는 무엇입니까? (　　)

❶ 아이들은 상을 받으려고 열심히 합니다.
❷ 상을 주는 교육 방법은 효과가 있습니다.
❸ 상을 주는 교육 방법은 문제가 있습니다.
❹ 상을 주는 교육 방법을 쓰면 안됩니다.

2) 상을 주는 방법을 사용할 때 좋은 점과 문제점을 쓰십시오.

- 좋은 점 : ______________________
- 문제점 : ______________________

Ⅱ.

- 한글에 대해 알고 있는 것을 이야기해 보십시오.
- 한글을 배우기 쉬웠습니까? 이야기해 보십시오.

세종대왕이 만든 '한글'

한글은 조선시대 네 번째 왕인 세종대왕이 1443년에 만들었습니다. 그 때까지는 글자가 없었기 때문에 중국의 한자를 사용했지만 한자가 어려워서 보통 사람들은 쉽게 배울 수 없었습니다. 그리고 중국의 한자로 우리의 말을 쓰려면 불편한 것이 많았습니다. 그래서 세종대왕은 모든 사람들이 우리의 말을 우리의 글로 쉽게 쓸 수 있게 하려고 한글을 만들었습니다.

자음은 소리가 나는 곳의 모양을 따라서 기본 다섯 글자를 만들었습니다. 'ㄱ'은 혀가 목구멍을 막는 모양이고 'ㄴ'은 발음할 때 혀의 모양입니다. 이런 방법으로 'ㄱ, ㄴ, ㅁ, ㅅ, ㅇ' 다섯 글자를 만든 후에 거기에 획을 더하여 아홉 글자를 더 만들었습니다. 그리고 글자를 옆으로 하나를 더 써서 'ㄲ, ㄸ, ㅃ, ㅆ, ㅉ'을 만들었습니다.

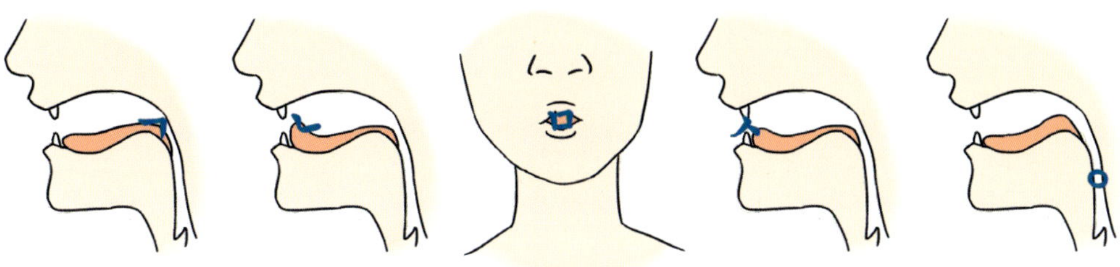

자음 모양 혀 목구멍 막다 획 더하다

01 훑어 읽기

ㄱ → ㅋ
ㄴ → ㄷ → ㅌ (ㄷ → ㄹ)
ㅁ → ㅂ → ㅍ
ㅅ → ㅈ → ㅊ
ㅇ → ㅎ

모음은 하늘(•)과 땅(ㅡ)과 사람(ㅣ)의 모양을 따라서 기본 세 글자를 만들었습니다. 그리고 이 기본 세 글자를 결합시켜서 여덟 글자를 더 만들었습니다.

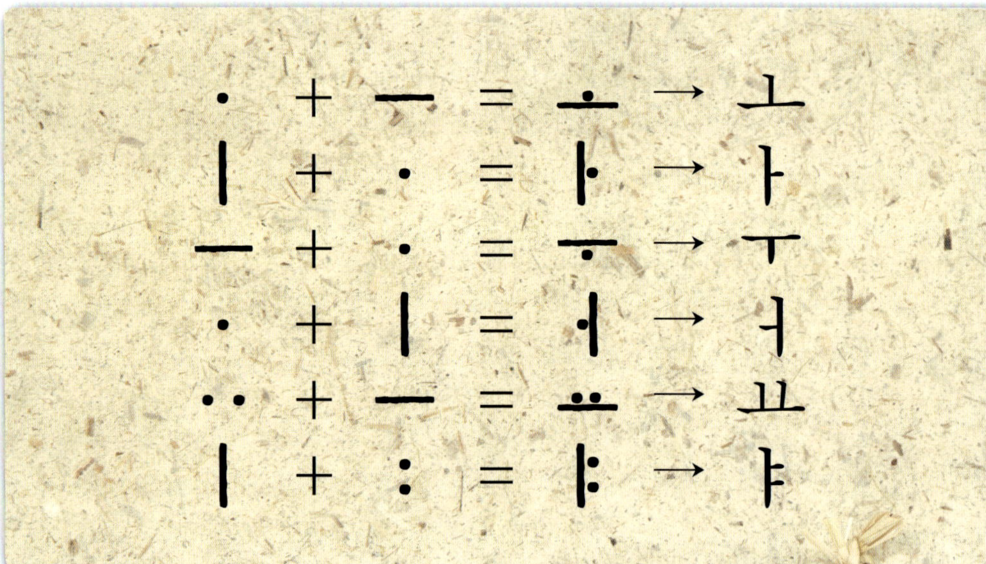

이렇게 만든 한글은 여러 가지 소리를 잘 적을 수 있고 배우기 쉽습니다.

모음　　땅　　결합시키다　　적다

1) 위 글을 읽고 전체 글의 내용 순서에 맞게 번호를 쓰십시오.

(❷) → (　　) → (　　) → (　　)

❶ 자음을 만든 방법　　❷ 한글을 만든 이유

❸ 한글의 장점　　❹ 모음을 만든 방법

2) 이 글에서 자음을 만든 방법으로 **틀린** 것을 고르십시오. (　　)

❶ 발음할 때 소리가 나는 곳의 모양을 따라서

❷ 발음을 하는 방법을 따라서

❸ 기본 자음에 획을 더하여서

❹ 글자를 옆으로 하나를 더 붙여서

3) 이 글에서 세종대왕이 한글을 만든 이유 두 가지를 쓰십시오.

4) 여러분이 생각하는 한글의 장점은 무엇입니까? 이야기해 보십시오.

정리해 봅시다

훑어 읽기를 한 후에 글을 읽으면 내용을 더 잘 이해할 수 있습니까? 친구들과 같이 이야기해 보십시오.

02 주제문 찾기

학습목표 : 주제문을 이용하여 중심 내용을 파악할 수 있다.

준비해 봅시다

● 다음 글을 읽고 주제문을 찾아보십시오.

동물들은 사람이 들을 수 없는 소리를 쉽게 알 수 있습니다. 2006년 한국에서는 개가 땅속에서 건물이 무너지기 시작한 것을 먼저 듣고 주인을 살린 일이 있었습니다. 또한 1976년 중국에서 큰 지진이 나기 며칠 전에 개구리들이 모두 다른 곳으로 집을 옮긴 일도 유명합니다.

신호등에서 '건너지 마십시오'는 빨간색으로 표시합니다. 또한 구급차나 경찰차도 급할 때는 빨간색 불을 켜고 달립니다. 이렇게 급할 때나 중요한 것을 말할 때 빨간색으로 표시를 하는 이유는 빨간색이 멀리에서도 가장 잘 보이는 색깔이기 때문입니다.

도움말

글에는 글 전체에서 말하고 싶은 중심 내용과 그것을 설명하는 세부 내용이 있습니다. 글의 중심 내용은 주제문에 잘 나타나는데 이 주제문은 글의 앞이나 뒷부분을 주의해서 읽으면 찾기가 쉽습니다.

읽어 봅시다

I. 다음 글을 읽고 주제문을 찾아서 쓰십시오.

1.

향기가 가게의 매출에 도움이 될 수 있습니다. 미국의 한 옷가게에서는 가게 안에 과일 향수를 놓았는데 그 다음부터 옷이 그 전보다 15~20%나 많이 팔렸습니다. 또한 꽃향기가 나는 향수를 놓은 가게에서는 손님들이 비싼 운동화를 더 많이 사 갔습니다. 이런 것을 보고 영국의 어떤 백화점에서도 지난 크리스마스에 '크리스마스 향수'를 만들어 백화점에 놓아서 매출을 늘릴 수 있었습니다.

향기 매출

● 주제문 : ____________________

2.

주유소는 기름을 파는 곳입니다. 하지만 요즘에는 주유소에서 여러 가지 일을 할 수 있습니다. 손님들은 기름을 넣고 세차도 할 수 있고, 주유소에 있는 편의점에서 음료수나 여러 물건들을 살 수도 있습니다.

전국에 1만 개가 넘는 편의점이 있고 대형 마트, 슈퍼마켓이 있는데 왜 주유소 편의점에 손님들이 올까요? 그 이유는 바쁜 사람들이 기름을 넣을 때 쇼핑과 세차를 함께 할 수 있기 때문입니다.

세차 넘다

● 주제문 : ____________________

3.

몸 색깔이 녹색인 사마귀는 주위에 있는 풀의 색과 비슷해서 쉽게 알아볼 수 없습니다. 또한 바이올린과 비슷하게 생긴 '바이올린 벌레'는 위험할 때 나쁜 냄새를 내서 자신을 보호합니다. 이렇게 많은 생물들은 자신을 보호하기 위해 다양한 방법을 사용합니다.

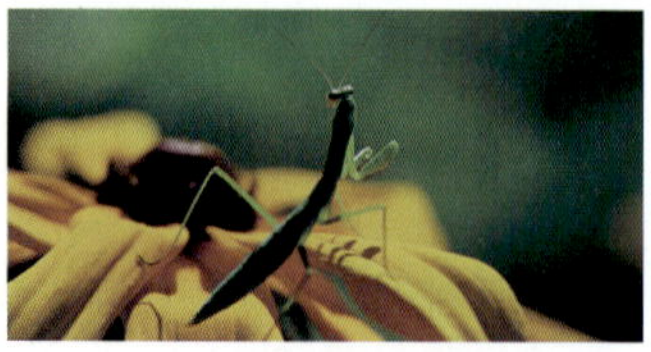

내다　　보호하다　　생물

- 주제문 : ____________________

Ⅱ.

- 여러분은 잠을 잘 잡니까?
- 언제 잠을 잘 자기 어렵습니까?

잠을 잘 자려면

어떻게 하면 잠을 잘 잘 수 있을까요? 먼저 잠을 잘 자려면 스트레스를 줄여야 합니다. 스트레스가 많으면 짜증이 나고 화가 나서 제대로 잠들기 어렵고 잠을 자도 나쁜 꿈을 꿀 수 있습니다. 스트레스를 줄이려면 즐겁게 살고 많이 웃는 것이 좋습니다. 평소에 운동이나 취미 생활을 하는 것도 스트레스를 줄이는 좋은 방법입니다.

제대로　　잠들다

또한 음식을 적당히 먹는 것도 중요합니다. 한국 사람들은 저녁을 많이 먹는데 사실 이렇게 저녁을 많이 먹는 것은 좋지 않습니다. 아침을 적당하게 먹고, 저녁은 적게 먹는 것이 좋습니다. 또한 커피나 술과 같은 음료는 자기 전에는 많이 마시지 않는 것이 좋습니다. 커피나 차에는 카페인이 많이 들어 있는데 이 카페인은 수면을 방해하기 때문입니다. 저녁에는 커피를 줄이고 따뜻한 우유를 드셔 보십시오.

마지막으로 잠을 잘 자려면 자기 전에 따뜻한 물로 목욕을 하는 것도 좋은 방법입니다. 목욕을 하면 하루 동안 쌓인 몸의 피로가 풀려서 깊은 잠을 잘 수 있습니다. 그러나 몸이 약한 사람이나 병이 있는 환자는 물속에 오래 있는 것이 안 좋을 수 있기 때문에 조심해야 합니다.

수면　　방해하다　　피로가 풀리다　　환자

1) 위의 글은 무엇에 대한 이야기입니까? 각 단락의 주제문을 찾아보십시오.

- ____________________
- ____________________
- ____________________

2) 위 글에서 말한 자기 전에 잠을 잘 자는 방법에 대한 설명으로 맞으면 ○, 틀리면 × 하십시오.

❶ 스트레스를 줄이는 것이 좋습니다. (　　)
❷ 술이나 커피를 마시지 않습니다. (　　)
❸ 아침을 많이 먹고 저녁을 먹지 않습니다. (　　)
❹ 자기 전에 찬물로 목욕을 합니다. (　　)

3) 이 글에서 말하는 스트레스를 줄이는 방법으로 적당한 것을 두 개 고르십시오. (　　,　　)

❶ 평소에 취미 생활을 합니다.
❷ 즐거운 마음으로 삽니다.
❸ 자기 전에 운동을 합니다.
❹ 자기 전에 따뜻한 우유를 마십니다.

4) 여러분은 잠을 잘 자기 위해서 어떤 노력을 합니까? 어떻게 하면 잠을 잘 잘 수 있을까요? 같이 이야기해 보십시오.

정리해 봅시다

글을 읽고 주제문을 잘 찾을 수 있었습니까? 어떻게 해서 주제를 찾았습니까? 같이 이야기해 보십시오.

03 핵심어 찾기

학습목표 : 핵심어를 이용하여 주제를 파악할 수 있다.

준비해 봅시다

● 다음 글을 읽어 보십시오. 이 글에서 가장 중요한 단어는 무엇입니까? 찾으십시오.

안경은 약 700년 전인 13~14세기에 유럽에서 발명되었습니다. 유리를 만드는 기술이 발전하면서 최초의 안경이 만들어졌는데, 처음에는 책을 읽을 때 쓰는 돋보기가 만들어졌고, 그 후에는 시력을 교정해 주는 안경이 만들어졌습니다.

☐ 안경　☐ 발명　☐ 기술　☐ 돋보기　☐ 시력

도움말

핵심어를 이용하면 주제를 파악할 때 도움이 될 수 있습니다. 글에서 가장 중요한 핵심어는 글의 제목이나 첫 문장, 또는 마지막 문장에 많이 나옵니다. 또는 자주 반복되어 나오는 단어도 중요한 단어입니다.

읽어 봅시다

I. 핵심어를 찾으면서 읽어 보십시오.

1.

인간의 수면 시간은 몇 시간 정도가 적당할까요? 사람들은 보통 하루에 7시간 정도 자는 것이 가장 좋은 것으로 생각합니다. 그런데, 미국의 어느 대학교에서 450명을 대상으로 수면 시간과 건강 상태를 14년 동안 조사한 결과 7시간보다 적게 자는 사람이 7시간 이상을 자는 사람들보다 더 건강했습니다. 평균 5시간에서 6시간 30분쯤 잠을 자는 사람이 가장 건강했습니다.

적당하다　　평균

1) 이 글에서 가장 중요한 단어는 무엇입니까? 쓰십시오.

2) 이 글의 주제는 무엇입니까? (　　)

❶ 수면 시간과 건강은 별로 관계가 없습니다.
❷ 잠을 7시간 이상 자는 것이 건강에 좋습니다.
❸ 잠을 7시간보다 적게 자는 것이 건강에 좋습니다.
❹ 잠을 7시간 이상 자는 것은 건강에 안 좋습니다.

2.

요즘 종이책이 아닌 전자책을 읽는 사람이 많아지고 있습니다. 최근에는 유명한 작가들의 새로운 소설도 전자책과 종이책으로 동시에 나오고 있습니다. 물론 (㉠)이 익숙하지 않아서 (㉡)을 좋아하는 사람들도 있지만, 어디에서든지 쉽게 전송 받을 수 있고 많은 양을 간단하게 보관할 수 있으므로 (㉠) 이용자가 점점 더 많아질 것으로 예상됩니다.

전자책 전송 받다 보관하다 예상되다

1) 이 글의 핵심어를 고르십시오. (   )

❶ 종이책 ❷ 전자책 ❸ 소설 ❹ 작가

2) 빈 칸에 맞는 단어를 쓰십시오.

㉠ : ____________ ㉡ : ____________

3.

나무에 나이테가 생기는 것은 기온과 자라는 속도의 차이 때문입니다. 한국과 같이 사계절이 있는 곳에서는 나이테가 분명하게 나타납니다. 여름에는 나무가 많이 자라고 겨울에는 별로 자라지 않기 때문에 일 년마다 넓은 부분과 좁은 부분이 생깁니다. 따라서 나무의 나이를 알 수 있습니다. 하지만 열대 지방처럼 계절의 변화가 거의 없는 곳에서는 나무에 나이테가 생기지 않습니다.

나이테 분명하다 자라다 열대

1) 이 글의 핵심어는 무엇입니까? 쓰십시오.

2) 이 글의 내용과 다른 것을 고르십시오. ( )

❶ 여름에는 나이테가 좁습니다.
❷ 나이테로 나무의 나이를 알 수 있습니다.
❸ 사계절이 있는 나라에서는 나이테가 잘 생깁니다.
❹ 기온의 변화가 거의 없는 곳에서는 나이테가 생기지 않습니다.

Ⅱ.

- 여러분은 다른 사람의 행동을 따라한 적이 있습니까? 왜 그렇게 했습니까?
- 여러분은 다른 사람의 말이나 행동에 영향을 많이 받습니까?

당신은 어떻게 하시겠습니까?

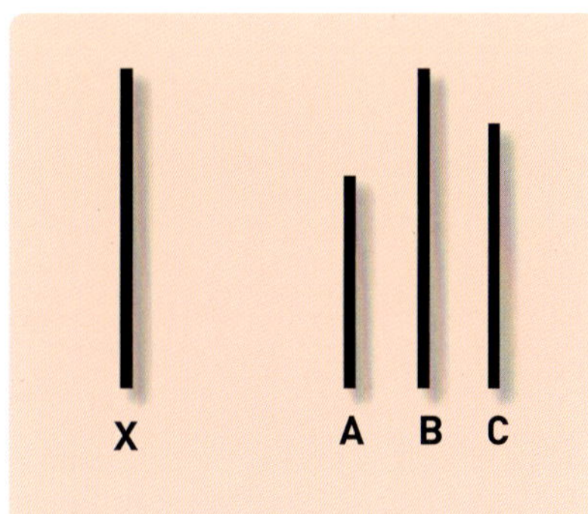

TV 프로그램에서 '상황이 인간을 지배한다'는 사실을 보여주기 위해 실험을 했습니다. 7명의 학생들에게 옆 그림에서 X와 같은 길이의 선을 고르라고 했습니다. 그런데 첫 학생부터 6번째 학생까지 모두 C라고 대답했습니다. 사실 6명의 학생들은 7번째 학생의 반응을 보기 위해 미리 짜고 자리에 앉아 있는 사람들이었습니다. 이 사실을 모르는 7번째 학생은 모두가 C라고 대답하니까 결국 C라고 대답했습니다. 실제로 이 실험에 참여한 80%의 학생이 이렇게 다른 사람들을 따라서 틀린 답을 말했습니다.

상황 지배하다 실험 반응 짜다 실제로 참여하다

03 핵심어 찾기

두 번째 실험입니다. 거리에서 한 사람이 무엇을 발견한 것처럼 아무 것도 없는 하늘을 가리켰습니다. 사람들은 그냥 지나갔습니다. 두 명이 그렇게 할 때에도 사람들은 반응이 없었는데 세 명이 같은 행동을 하니까 지나가던 사람들이 '뭐가 보이나 봐' 하면서 길을 멈추고 하늘을 바라보았습니다. 한 명 두 명일 때는 아무 관심도 없었는데 세 명이 모이니까 사람들의 행동이 바뀐 것입니다.

이렇게 상황이 인간을 지배할 수 있다는 사실을 이용하면 반대로 인간이 상황을 바꿀 수도 있습니다. 이 사실을 보여주는 이야기가 있습니다. 2005년 한국의 지하철역에서 한 승객이 열차와 승강장 사이에 다리가 끼이는 사고가 발생했습니다. 모두 당황했지만 그 때 한 사람이 열차를 밀기 시작했고 주위에 있던 사람들이 하나 둘 함께 전동차를 밀었습니다. 곧 열차 안에 있던 사람들이 모두 나와서 밀었고, 결국 다리가 끼였던 사람은 무사히 구조되었습니다.

우리는 다른 사람과 일하고 생활하면서 나 자신의 생각대로 행동할 때도 있고 주변의 다른 사람들을 따라서 행동할 때도 있습니다. 다른 사람들과 의견이 맞지 않아 힘들 때 이런 사실을 생각해 보면 상황을 바꾸어 사람들의 생각과 행동을 바꿀 수 있습니다.

승강장　　끼이다　　당황하다　　전동차　　구조되다

1) 위 글에서 핵심어를 찾아 써 보십시오.

2) 이 글의 중심 내용은 무엇입니까? (　　)

❶ 항상 상황이 인간을 지배한다.
❷ 항상 인간이 상황을 지배한다.
❸ 상황과 인간은 아무 관계도 없다.
❹ 상황이 인간을 지배할 수도 있고, 인간이 상황을 지배할 수도 있다.

3) 글의 내용과 다른 것은 무엇입니까? (   )

❶ 첫 번째 실험에 참가한 사람의 80%는 상황에 영향을 받지 않았다.
❷ 두 번째 실험에서는 상황이 사람을 바꿀 수 있는 것을 보여준다.
❸ 세 명 이상의 사람이 모여서 행동하면 상황을 바꿀 수도 있다.
❹ 지하철 사고 이야기에서는 사람이 상황을 바꿀 수 있는 것을 보여준다.

4) 여러분은 몇 명 이상의 사람들이 행동하면 따라합니까?

정리해 봅시다

핵심어를 이용해서 주제를 잘 파악할 수 있었습니까? 이야기해 보십시오.

04 정보 찾기

학습목표 : 글에서 필요한 정보를 찾을 수 있다.

준비해 봅시다

- 한국의 예절에 대해 알아보려고 합니다. 다음의 차례를 보십시오. 책의 어떤 부분을 읽으면 좋을까요? 왜 그렇습니까?

도움말

우리는 알고 싶은 내용을 찾기 위해서 글을 읽기도 합니다. 이렇게 필요한 내용을 찾고 싶을 때는 그러한 정보가 어디에 있는지 찾아서 내용을 확인하면서 읽으면 좋습니다.

읽어 봅시다

I. 필요한 정보가 있는 부분을 찾아서 표시하면서 읽어 보십시오.

1.

❶ 사과는 세계에서 가장 많이 알려진 과일 중의 하나입니다. ❷ 세계에서 가장 많은 사과를 생산하고 있는 나라는 중국입니다. ❸ 사과에 들어 있는 비타민 C는 피부를 아름답게 하고 감기 예방에도 좋습니다. ❹ 또 사과는 피곤하거나 스트레스를 받았을 때 먹으면 피로나 스트레스를 풀어 주는 효과가 있다고 합니다. ❺ 사과는 그냥 먹기도 하고 잼이나 주스, 식초로 만들어 먹기도 합니다.

생산하다　　피부　　피로

사과가 몸에 좋은 이유는 무엇입니까? 정답이 있는 부분을 찾아서 번호를 쓰십시오.

2.

❶ 케냐는 아프리카의 동쪽에 있는 국가로 1963년 영국으로부터 독립하였습니다. ❷ 수도는 나이로비이며, 영어와 스와힐리어를 사용합니다. ❸ 케냐는 경치가 좋아서 많은 국립공원이 있으며, 사자, 기린, 코끼리 등의 동물을 볼 수 있습니다. 그리고 ❹ 케냐는 높은 지역이 많기 때문에 커피가 자라기에 알맞으며, ❺ 세계에서 16번째로 많은 커피를 생산하고 있습니다.

독립하다　　수도　　국립공원　　알맞다

케냐에서 유명한 것은 무엇입니까? 정답이 있는 부분을 찾아서 번호를 쓰십시오.

3.

❶ 사람의 양쪽 귀에 동시에 서로 다른 소리를 들려주면 사람들은 보통 어떤 소리를 더 잘 들을까요? ❷ 대부분의 사람들은 오른쪽 귀에 들린 소리를 더 잘 듣습니다. ❸ 그 이유는 언어를 듣고 이해하는 뇌가 좌뇌인데 오른쪽 귀로 들어온 소리가 바로 좌뇌로 전해지기 때문입니다. 반대로 ❹ 왼쪽 귀로 들어온 소리는 먼저 우뇌로 보내지고 다시 좌뇌로 보내지기 때문에 이것을 이해하기 위해서는 시간이 더 걸립니다.

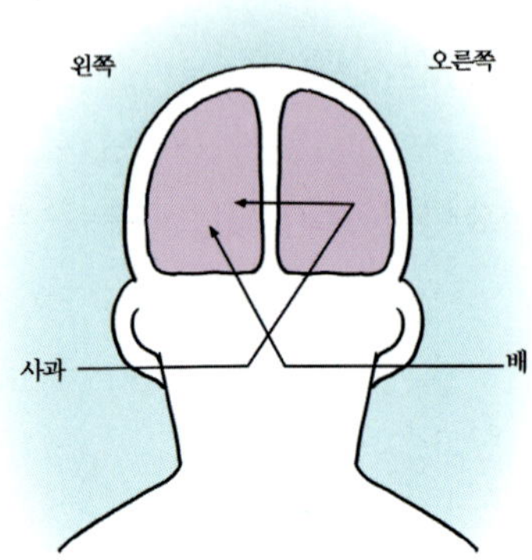

좌뇌　　우뇌

사람들은 왜 오른쪽 귀로 듣는 소리를 더 잘 듣습니까? 정답이 있는 부분을 찾아서 번호를 쓰십시오.

Ⅱ.

- 여러분 나라 사람들은 모두 같은 언어를 사용합니까?
- 앞으로 세계의 언어는 점점 많아질까요? 적어질까요?

사라지고 있는 언어

세계의 언어는 몇 개나 될까요? 현재 알려진 세계의 언어는 약 6,800개 정도입니다. 세계에는 231개의 나라가 있는데, 나라의 숫자보다 언어의 수가 이렇게 많은 것을 보면 여러 개의 언어를 사용하고 있는 나라가 많음을 알 수 있습니다.

그럼, 가장 많은 언어를 사용하고 있는 나라는 어디일까요? 파푸아 뉴기니는 약 823개의 언어를 사용하

고 있어서 세계에서 제일 많은 언어가 사용되는 나라입니다. 인도네시아, 인도, 멕시코 등도 많은 언어가 사용되고 있는 나라 중 하나입니다. 이러한 나라들에서 많은 언어를 사용하게 된 것은 한 나라 안에 언어와 종교, 풍습이 다른 여러 종족들이 살고 있기 때문입니다. 그리고 이러한 나라들은 많은 섬으로 이루어져 있어서 교통이 불편하여 언어를 통일하기가 힘들었습니다.

그렇다면 세계에서 가장 많은 사람들이 사용하고 있는 언어는 무엇일까요? 중국의 북경 표준어인 만다린어가 가장 많은 사람들이 사용하는 말이며, 그 다음은 스페인어, 세 번째는 영어입니다. 이 중 한국어는 세계에서 12번째로 많은 사람들이 사용하고 있는 언어입니다. 그런데 10,000명 이하의 사람이 사용하는 언어도 세계의 언어 중 50%나 됩니다. 그리고 1,000명도 안 되는 사람들이 사용하는 언어가 세계 전체 언어의 28%나 된다고 합니다.

그래서 언어학자들이 이러한 언어들을 지키기 위해 많은 노력을 하고 있지만 세계의 언어는 점점 줄고 있습니다. 그 이유는 문자가 없는 언어가 점점 사라지고 있기 때문입니다. 문자가 없는 언어는 그 언어를 사용하고 있는 사람이 죽으면 그 언어도 사라져 버리기 때문입니다. 또 소수의 사람들만 사용하는 언어는 많은 사람들과 의사소통을 해야 하는 현대사회에서는 아주 불편한 언어가 될 수밖에 없습니다. 따라서 그러한 언어를 사용하던 사람들도 자신들의 언어보다는 많은 사람들이 사용하는 언어를 사용하려고 하기 때문에 소수 언어는 점점 사용되지 않고 사라져 버립니다. 따라서 문자가 없는 언어나 소수 언어를 지키려는 노력을 하지 않으면 그러한 언어들은 점점 없어져서 이 지구상에 하나도 남지 않게 될 것입니다.

종교	풍습	종족	이루어지다	통일하다	표준어
이하	전체	노력	문자	사라지다	소수

04 정보 찾기

1) 위 글에서 다음 정보가 있는 부분을 찾으십시오. (내용이 있는 부분에 밑줄을 긋거나 표시를 하십시오.)

❶ 세계에는 얼마나 많은 언어가 있습니까?
❷ 세계에서 가장 많은 사람들이 사용하는 언어는 무엇입니까?
❸ 언어가 점점 줄고 있는 이유는 무엇입니까?

2) 세계의 언어에 대한 설명으로 맞는 것을 고르십시오. (   )

❶ 세계의 언어 수는 세계의 나라의 수보다 적습니다.
❷ 언어학자들의 노력으로 세계의 언어는 점점 늘어나고 있습니다.
❸ 만 명 이하의 사람이 사용하는 언어가 세계 언어의 50%나 됩니다.
❹ 세계의 언어 중에서 영어가 가장 많은 사람들에게 사용되고 있습니다.

3) 파푸아 뉴기니, 인도네시아에서는 왜 많은 언어가 사용되고 있습니까? (   )

❶ 종교와 풍습이 다른 많은 사람들이 살고 있기 때문입니다.
❷ 그 나라에 살고 있는 사람들이 많기 때문입니다.
❸ 문자가 없는 언어가 많기 때문입니다.
❹ 하나의 나라로 통일되지 않았기 때문입니다.

4) 세계의 언어가 점점 줄고 있는 것에 대해 여러분은 어떻게 생각합니까?

정리해 봅시다

위의 글에서 여러분이 알게 된 정보를 이야기해 보십시오. 또 더 알고 싶은 정보가 있는지 서로 이야기해 보십시오.

05 논점 파악하기

학습목표 : 글을 읽고 글의 논점을 파악할 수 있다.

준비해 봅시다

● 다음 글을 읽고 글을 쓴 사람의 주장을 찾아보십시오.

사람들은 누구나 공부를 잘하고 싶어하고 열심히 노력하지만 만족할 만한 결과가 나오지 않아 실망을 하기도 한다. 하지만 나는 공부가 전부는 아니라고 생각한다. 빌 게이츠도 대학을 중퇴하고 컴퓨터에 몰두하여 컴퓨터의 황제가 되었고, '쥐라기 공원'을 만든 스필버그 감독도 고등학교만 나와 세계적인 영화감독이 되었다. 사람은 누구나 잘할 수 있는 재능이 있으므로 자기 적성을 찾아 노력하는 것이 중요하다고 생각한다.

❶ 공부는 인생에서 매우 중요하다.
❷ 세계에서 유명한 사람이 되면 좋겠다.
❸ 공부를 잘하려면 열심히 노력해야 한다.
❹ 자기 적성을 찾아 노력하는 것이 중요하다.

도움말

자신의 의견이나 주장을 나타내는 글에서는 자신의 강한 의지를 보이는 다음과 같은 표현이 많이 나타납니다. 주장을 파악하려면 '-라고 생각한다, -어야 한다, -어야 할 것이다, -지 않을까, -으면 좋겠다' 같은 표현을 찾는 것이 좋습니다.

읽어 봅시다

I. 글을 쓴 사람의 주장을 파악하면서 읽어 보십시오.

1.

텔레비전은 우리 생활에 없어서는 안 될 만큼 여러 가지 좋은 기능을 가지고 있다. 반면 우리 삶에 끼치는 나쁜 점도 적지 않다. 즉, 우리에게 정보와 지식을 빨리 전해 주고 우리의 생활을 즐겁게 해 주기도 하지만, '바보상자'라는 말이 있을 정도로 우리의 사고력을 떨어뜨리고 시간을 낭비하게 하며, 가족과 대화할 시간을 빼앗는다. 현대 생활에서 텔레비전의 영향력이 큰 만큼 텔레비전의 단점을 잘 알고 더 좋은 방향으로 활용하도록 노력해야 할 것이다.

삶 끼치다 사고력 떨어뜨리다 낭비 빼앗다 활용하다

1) 이 글을 쓴 사람의 주장은 무엇입니까? (　　　)

❶ 텔레비전은 유익한 점이 많다.
❷ 텔레비전은 나쁜 영향을 끼친다.
❸ 텔레비전은 우리 생활에 없어서는 안 된다.
❹ 텔레비전을 더 좋은 방향으로 활용하도록 해야 한다.

2.

독서에는 여러 가지 방법이 있다. 예를 들어, 자세히 내용을 읽는 정독, 깊이 읽지 않고 중요한 요점만 잡아서 많은 책을 읽는 다독이 있다. (㉠)은 오래 기억에 남는 장점이 있고 (㉡)은 내용 파악이 빠르고 한 권의 책을 빠른 시간에 다 읽어냈다는 성취감을 느낄 수 있다. 따라서 책의 종류나 상황에 따라 독서의 방법도 달라질 수 있다. 교과서나 중요한 책은 정독을 하고 가볍게 읽을 책들은 다독을 하면 시간도 절약할 수 있다.

요점 성취감 절약하다

1) 이 글을 쓴 사람의 주장은 무엇입니까? 쓰십시오.

2) 빈 칸에 맞는 단어를 쓰십시오.

㉠ : ________ ㉡ : ________

3.

요즘은 우리 말만큼이나 영어를 배우고 사용하는 것을 중요하게 생각한다. 그리고 영어의 사용을 중요하게 생각하는 사람도 있고 이런 현상을 걱정하는 사람도 있다. 하지만 지금은 국제화 시대이고 영어는 이미 세계 공용어이다. 대부분의 나라에서 영어로 의사소통을 하고 있고, 국가 관계나 기업의 관계에서 중요한 문서는 영어로 작성되고 있다. 그러므로 영어를 잘 못하면 세계 경쟁 사회에서 뒤처질 것이다. 미래에는 자기 나라의 언어와 영어가 함께 존재하는 시대가 될 것이므로 영어를 공용어로 사용하는 것에 찬성한다.

현상　　국제화　　공용어　　문서　　작성되다　　경쟁　　뒤처지다

1) 이 글의 주장은 무엇입니까? 쓰십시오.

2) 글쓴이가 자신의 주장을 나타내기 위해 근거로 보인 것은 무엇인지 쓰십시오.

Ⅱ.

- 최근의 인터넷 문화에 대하여 어떻게 생각합니까?
- 댓글을 쓴 적이 있습니까?

악성 댓글에 대하여

최근 인터넷의 사용으로 사람들은 전보다 훨씬 편리하게 다양한 의견을 표현할 수 있게 되었다. 하지만 인터넷은 편리한 만큼 문제점도 많이 생기고 있는데 그 중 하나가 댓글에 대한 것이다. 인터넷을 통해 기사를 검색하면 그 기사 밑에 쓰여 있는 댓글 때문에 기분이 나빠지는 때도 있고, 글을 쓰고 싶어도 내 글 뒤에 따를 악성 댓글이 무서워서 쓰지 못하는 경우도 있다.

전에 어떤 가수의 노래를 듣고 음악적으로 조금 부족한 것 같다는 글을 올린 적이 있는데, 내 글의 아래에 써 있는 심한 욕설이 있는 댓글 때문에 기분이 나빴던 적이 있다. 또 한 번은 정치토론방에 들어가서 글을 썼는데 내용은 읽어 보지도 않고 악성 댓글만 계속 이어져서 토론을 포기한 적도 있었다.

인터넷 문화는 표현과 비판이 자유로운 장점이 있다. 하지만 나만의 자유만 생각하고 행동하면 다른 사람에게 의도하지 않은 피해를 줄 수도 있다. 비판이나 반대 의견을 쓰는 것은 좋지만 짧은 글로 표현해야 하는 특성상 더욱 다른 사람의 감정과 생각을 존중해야 할 것이다.

그러므로 자신과 다른 생각을 가지고 있는 것을 잘못된 것으로 생각하고 쓰는 악성 댓글은 사라져야 한다. 이런 악성 댓글 때문에 인터넷 예절이 필요하다고 본다. 전화가 처음 사용되던 때에는 전화를 걸고 받는 것이 아주 중요한 예절로 생각되어 전화를 '제2의 손님'이라고 말했었다. 얼굴이 보이지 않는 전화를 주고받을 때에도 손님을 대하는 것처럼 예절을 지켰던 것과 같이 인터넷이 보편화된 지금은 인터넷 예절을 지키는 것이 필요하다고 생각한다.

댓글　검색하다　악성　욕설　토론　포기하다　비판　의도하다
피해　존중하다　보편화되다

1) 이 사람의 주장은 무엇입니까? (　　　)

❶ 인터넷의 사용을 줄이자.
❷ 인터넷 댓글을 없애자.
❸ 인터넷 예절이 필요하다.
❹ 인터넷 댓글도 문화이고 언어이다.

2) 이 글에 나타난 인터넷 문화의 장점과 단점을 정리해 보십시오.

- 장점 : ______________________________
- 단점 : ______________________________

3) 위 글의 내용과 같은 것을 고르십시오. (　　　)

❶ 인터넷은 장점보다 단점이 더 크다.
❷ 인터넷은 비판을 자유롭게 하기 힘들다.
❸ 인터넷에서 만나는 사람은 제2의 손님이다.
❹ 글을 쓴 사람은 토론방에서 악성 댓글을 받은 적이 있다.

4) 이 글을 쓴 사람의 주장에 대해 여러분은 어떻게 생각합니까? 찬성 또는 반대의 이유를 말해 보십시오.

정리해 봅시다

글을 읽고 글의 논점을 잘 파악할 수 있었습니까?

06 구조 파악하기 1 -비교와 분류-

학습목표 : 글을 읽고 비교와 분류의 구조를 파악할 수 있다.

준비해 봅시다

- 다음 글을 읽고 무엇과 무엇을 비교하여 설명하였는지 이야기해 보십시오.

한국의 추석과 중국의 중추절은 한 해의 수확을 감사하고 기뻐하는 명절이고, 음력 8월 15일이라는 점에서 같다. 그러나 한국의 추석은 연휴이기 때문에 고향을 찾는 사람들이 많고 조상을 생각하면서 차례를 지내지만, 중국의 중추절은 하루 정도를 쉬며 음식을 준비하고 가족과 함께 달을 보며 지내는 점에서 다르다.

도움말

대상을 설명할 때 비슷한 점과 차이점을 중심으로 비교나 대조를 하여 설명하거나, 대상을 일정한 기준에 따라 나누어 설명하면 내용을 이해하는 데 도움이 됩니다.

읽어 봅시다

I. 글의 구조를 파악하면서 읽어보십시오.

1.

여자와 남자는 사고 유형이 매우 다르다. 여자는 대개 현재의 상태를 생각하지만 남자는 미래를 생각하는 경향이 있다. 또한 여자는 보통 가정, 사랑 그리고 안전성을 주로 생각하는 반면, 남자들은 모험과 일과 성공을 주로 생각한다. 여자들은 조그마한 성취에도 매우 기뻐한다. 남자들이 큰 성공을 거두지 않고는 만족하지 않는 것과는 또 다른 점이다.

사고　　유형　　상태　　모험　　거두다　　경향

1) 이 글은 무엇을 설명하고 있습니까? 쓰십시오.

2) 이 글에서 설명하는 방법은 무엇입니까? (　　　)

❶ 비교　　❷ 예시　　❸ 분류　　❹ 분석

2.

취미 생활에는 여러 가지 유형이 있다. 그 중에서 독서, 그림, 수집, 바둑, 영화 감상 등은 움직임이 적고 일정한 자리에 앉아서 하는 것이므로 정적인 유형이라 할 수 있다. 반면 운동, 등산, 여행 등은 몸을 많이 움직이는 취미 활동이므로 동적인 유형이라 할 수 있다. 또한 바둑, 장기, 운동과 같은 활동은 이기고 지는 욕구를 충족시키는 유형이며, 등산이나 여행 같은 취미 활동들은 승부욕과는 별로 관계가 없는 유형이다.

정적　　동적　　욕구　　충족　　승부욕

1) 이 글은 취미를 기준에 따라 두 번 나누어서 설명했습니다. 어떻게 나누었는지 빈칸에 쓰십시오.

❶ 정적인 유형과 ____________________

❷ 승부욕과 관계있는 유형과 ____________________

3.

우리가 평소에 쓰는 글의 표현 방식과 말의 표현 방식 사이에는 많은 차이가 있다. 글로 표현하면 자연스러운 어휘가 말에 사용하면 어색하게 느껴지는 것들이 있고, 또한 말로는 표현할 수 있으나 글로는 설명하기 어려운 내용이 얼마든지 있다. 우리가 글로 읽을 때는 자연스럽게 느껴지는 '그녀', '그러므로', '무척'과 같은 단어들은 말로는 별로 사용하지 않으며, 친구 사이의 대화에 흔히 나오는 '너 어제 뭘 했니?', '그거 니 거니?'와 같은 표현은 대화체가 아닌 보통 글에서는 거의 찾아볼 수 없다.

자연스럽다　　흔히　　어색하다

1) 이 글은 무엇을 설명하고 있습니까? 쓰십시오.

2) 이 글에서 설명하는 방법은 무엇입니까? (　　)

❶ 인용　　❷ 분류　　❸ 분석　　❹ 비교

06 구조 파악하기 1 -비교와 분류-

Ⅱ.

- 컴퓨터와 자동차의 공통점과 차이점은 무엇일까요?
- 컴퓨터 배우기를 두려워하는 사람에게 어떤 이야기를 해 주겠습니까?

컴퓨터와 자동차

컴퓨터에 익숙하지 않거나 아직 한 번도 컴퓨터를 사용해 보지 않은 사람들은 아직도 컴퓨터가 전문가들만이 사용하는 물건이라고 생각하는 경향이 있다. 이는 컴퓨터가 현대 문명의 최첨단의 발명품이고 또 발전과 변화의 속도가 매우 빠르기 때문에 그것을 다루고 좇아가는 일은 무척 어렵다는 생각 때문인 것으로 보인다. 그러나 컴퓨터는 우리가 우려하는 것만큼 접근하기 어려운 대상이 아니다.

컴퓨터에 대해 알려고 하는 사람에게 필자가 늘 강조하는 말이 있다. 그것은 컴퓨터의 사용을 자동차 운전처럼 생각하면 된다는 것이다. 우리는 자동차의 부속품 하나하나에 대하여 전혀 알지 못하면서도 운전을 하면서 생활하고 있다. 이와 마찬가지로 우리는 컴퓨터의 부속품들을 모두 알지 못하면서도 일상생활이나 연구 활동에 효율적으로 사용할 수 있다. 컴퓨터의 사용을 자동차의 운전에 비유했지만, 실제에 있어서는 컴퓨터의 사용은 자동차의 운전에 비해 훨씬 쉽다.

우선 배우는 과정이 더욱 간편하다. 컴퓨터를 배우기 위해서는 자동차 학원에서의 운전 연습, 면허 시험, 그리고 조심스런 도로 주행 연습 등의 까다로운 과정을 거치지 않아도 되는 것이다. 더구나 컴퓨터의 사용은 자동차 운전처럼 교통사고와 같은 공포를 의식하지 않아도 된다. 컴퓨터 학원에 별도로 다닐 필요도 없고(물론 교습을 받는다면 훨씬 수월하겠으나 꼭 그럴 필요는 없는 것이다.) 면허 시험도 없다. 따라서, 컴퓨터에 접근하는 가장 빠른 길은 컴퓨터에 대한 잘못된 생각과 필요 없는 두려움을 없애는 것이다.

문명	최첨단	다루다	좇아가다	우려하다	필자	부속품	효율적
주행	까다롭다	공포	의식하다	별도	교습	수월하다	접근하다
두려움							

1) 위 글에서는 무엇과 무엇을 비교하여 설명하였습니까? 쓰십시오.

2) 위 글의 내용과 같으면 ○, 다르면 × 하십시오.

❶ 컴퓨터는 자동차보다 배우기 힘들다. ( )

❷ 자동차 부속품을 잘 알아야 운전하기가 쉽다. ( )

❸ 자동차와 컴퓨터는 공통점보다 차이점이 더 많다. ( )

❹ 컴퓨터를 배울 때 꼭 학원에 다니거나 시험을 볼 필요는 없다. ( )

3) 컴퓨터를 잘 배우기 위한 방법은 무엇입니까? 찾아 쓰십시오.

4) 여러분은 컴퓨터와 자동차를 얼마나 알고 얼마나 잘 다룹니까? 컴퓨터와 자동차 사용을 어떻게 배우는 것이 좋은지 친구와 이야기해 보십시오.

정리해 봅시다

글을 읽고 비교와 분류 형식의 글의 구조를 잘 파악할 수 있었습니까?

07 구조 파악하기 2 -인용과 예시-

학습목표 : 글을 읽고 인용과 예시의 구조를 파악할 수 있다.

준비해 봅시다

● 다음 글을 읽고, 무엇에 대하여 어떤 방법으로 설명하였는지 이야기해 보십시오.

대기업 회장들의 패션은 어떨까? 뉴스나 신문에서 보이는 회장의 모습은 일반적으로 정장에 넥타이를 하고 있다. 한 의류 디자이너는 '대기업을 이끄는 CEO'들은 눈에 많이 띄는 패션 액세서리는 즐겨 하지는 않는다. 대신 쉽게 구할 수 없는 것이나 최고급 소재로 만든 비싼 제품들을 즐겨 하는 편이다'라고 말하였다.

도움말

어떤 대상을 설명할 때 인용이나 예시를 들어 설명하기도 합니다. 인용과 예시 부분을 찾으면 내용을 이해하는 데 도움이 됩니다.

읽어 봅시다

I. 글의 구조를 파악하면서 읽어보십시오.

1.

새로운 약이나 치료법을 개발할 때 보통 동물들을 대상으로 실험을 한다. 그리고 알려진 것처럼 동물들 중에서 특히 실험용 흰 쥐를 가장 많이 사용하고 있다. 흰 쥐를 유전자 실험에 주로 사용하는 이유가 몇 가지 있는데, 유전공학 연구소 소장 김영민 씨는 '생쥐는 인간의 유전자와 97%가 같고, 임신 기간이 짧고 새끼도 많이 낳기 때문'이라고 말하였다.

대상　　유전자　　유전공학　　임신　　새끼

1) 이 글에서 설명하고 있는 것은 무엇입니까? 쓰십시오.

2) 이 글에서 설명하고 있는 방법은 무엇입니까? (　　)

❶ 예시　　❷ 분석　　❸ 인용

2.

요즘 각종 상품의 과대 포장이 심하다. 어떤 상품은 4중 5중으로 포장된 것도 많다. 더구나 내용물에 비해 지나치게 크고 요란하게 포장되어 있기도 하다. 어떤 녹차의 포장을 살펴보면 비닐로 포장한 것을 알루미늄 캔에 넣고 다시 나무 상자에 담아 종이 상자에 넣은 것을 다시 포장지로 싸서 판다. 이처럼 별것도 아닌 물건을 수없이 싸고 또 싸서 파는 것이다.

과대　　포장　　요란하다

1) 이 글에서 이야기하고 있는 것은 무엇입니까? 쓰십시오.

2) 이 글에서 예시 부분을 찾아 표시해 보십시오.

3.

훌륭한 호텔 경영인은 외국어 실력과 지도자의 능력을 갖추고 있어야 한다. 그리고 그만큼 중요한 것이 서비스 정신이다. 이것은 모든 고객에게 똑같은 서비스를 제공하는 것이 아니라 고객 한 사람 한 사람에게 최적의 서비스를 제공하는 것이다. 예를 들어 자신을 알아보는 것을 부담스러워하는 고객에게는 편히 지낼 수 있도록 개인적인 질문을 하지 않는 것이 좋을 것이다. 또한 영어나 한국말을 거의 못하는 고객에게는 일반 고객에게 제공하는 것보다 더 알기 쉽게 안내를 해야 할 것이다.

경영인 실력 능력 갖추다 제공하다 최적 부담스럽다

1. 이 글에서 이야기하고 있는 것은 무엇입니까? 쓰십시오.

2. 이 글에서 예시 부분을 찾아 표시해 보십시오.

Ⅱ.

- 여러분 윗옷의 단추는 어느 쪽에 있습니까?
- 윗옷의 단추가 어느 쪽에 있는 것이 더 편리할까요?

여자는 오른쪽, 남자는 왼쪽

남자 윗옷과 여자 윗옷의 경우 옷을 여미는 방향이 다르다. 다시 말하면 단추를 끼울 때 남자 옷은 왼쪽 옷깃을 위로 가게 하고, 여자 옷은 반대로 오른쪽 옷깃을 위로 가게 여미는 차이가 있다. 그래서 누구나 단추가 어느 쪽에 달려 있는가를 보고 남자 옷인지 또는 여자 옷인지 금방 구별할 수 있다.

그런데 어떤 이유로 남자 옷은 왼쪽 옷깃이 위로 가게 만들었고, 여자 옷은 그 반대로 만들었을까? 그것은 성차별 때문이 아니라 무기 사용의 편리와 아기 보호를 위해 자연스럽게 나타난 것이라는 해석이 있다.

역사적으로 봤을 때 근대 이전까지 남자들은 허리 왼쪽에 칼을 차고 다녔다. 급할 때 칼을 쉽게 뽑을 수 있도록 하기 위해서였는데, 이때 오른쪽 옷자락이 위로 가게 옷을 여미고 있으면 칼을 뽑을 때 불편하기 때문에 왼쪽 옷자락이 위로 가게 한 것이었다.

반면 여자 옷에 대하여서는 영국의 어느 동물학자의 해석이 있다. 그에 따르면 여성은 보통 오른쪽보다는 왼쪽 가슴에 아이를 안기 때문에 아기를 자기 옷의 긴 오른쪽 옷자락으로 감싸려고 했다는 것이다. 그것은 아이가 젖을 빨거나 잠을 잘 때 오른쪽의 긴 옷자락으로 아이를 감싸서 안는 것을 의미한다.

이런 이유로 남자는 왼쪽이 위로 가게, 여자는 오른쪽이 위로 가게 여미게 된 것이며, 이 사회적인 관습이 바뀌지 않고 지금까지 그대로 남아 있게 된 것이다.

여미다　끼우다　성차별　해석　근대　차다　감싸다　안다
관습

07 구조 파악하기 2 -인용과 예시-

1) 이 글은 무엇에 대하여 설명하고 있습니까? 쓰십시오.

2) 이 글은 어떤 방법으로 설명하고 있습니까? 모두 찾고 위 글에 부분을 표시하십시오.

☐ 비교　　☐ 대조　　☐ 예시　　☐ 인용　　☐ 분류

3) 글의 내용과 같은 것을 고르십시오. (　　)

❶ 여자는 아기를 보호하기 위해서 옷깃을 왼쪽으로 여몄다.
❷ 남자가 무기를 편리하게 사용하기 위해 오른쪽 옷깃이 위로 가게 했다.
❸ 이 글은 남자와 여자에 대한 성차별적인 현상을 다룬다.
❹ 이 글은 역사적인 사실과 사회적인 관습을 이유로 들고 있다.

4) 남자와 여자의 윗옷의 여미는 방향이 다른 것 말고 남자와 여자의 옷에는 또 어떤 차이점이 있습니까? 차이점이 있다면 어떤 이유 때문인지 이야기해 보십시오.

정리해 봅시다

글을 읽고 인용이나 예시 형식의 글의 구조를 잘 파악할 수 있었습니까?

08 세부 내용 파악하기 1

학습목표 : 밑줄을 긋거나 메모하는 방법을 이용하여 글을 읽고 세부 내용을 이해할 수 있다.

준비해 봅시다

● 아래 글을 읽고 핵심 내용과 세부 내용에 밑줄을 그어 보십시오.

한국의 기후가 변하고 있다. 여름은 더 덥고 길어지고 겨울은 따뜻하고 짧아져서 평균기온이 올랐다. 전에는 장마철이 있어서 2주 정도 계속 비가 왔는데 이제는 장마철의 구분이 확실하지 않고 여름 내내 비가 온다. 또, 겨울에는 3일 동안 아주 춥고 4일 동안 좀 따뜻한 삼한사온 현상이 있었는데 요즘은 이런 현상도 없어지고 있다.

〈연별 평균 기온 변화〉

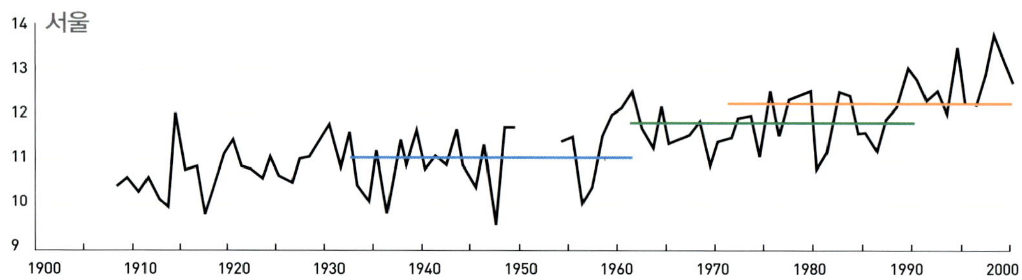

〈기상청〉

도움말

세부 내용을 이해하기 위해서 읽은 내용에 밑줄을 긋거나 읽은 내용을 메모하는 방법을 쓸 수 있습니다. 밑줄을 칠 때는 중요한 부분을 골라서 치고, 메모를 할 때는 중요한 내용을 명사나 '-음'의 형태로 요약하는 게 좋습니다.

읽어 봅시다

I. 핵심 내용과 세부 내용에 밑줄을 긋고 메모하십시오.

1.

현재 커피는 세계 여러 나라 사람들이 가장 즐겨 마시는 음료인데, 커피를 처음 마시기 시작한 곳은 어디일까? 커피의 원산지는 북아프리카의 에티오피아인 것이 거의 확실하지만, 커피를 음료로 처음 마신 곳은 예멘일 것으로 추측하고 있다. 언제 커피를 처음 마셨는지는 확실하게 알 수 없지만 1997년에 예멘의 아덴 근처에서 12세기의 커피 원두를 발견했다. 따라서 예멘에서는 12세기부터 커피를 마셨을 것으로 보고 있다.

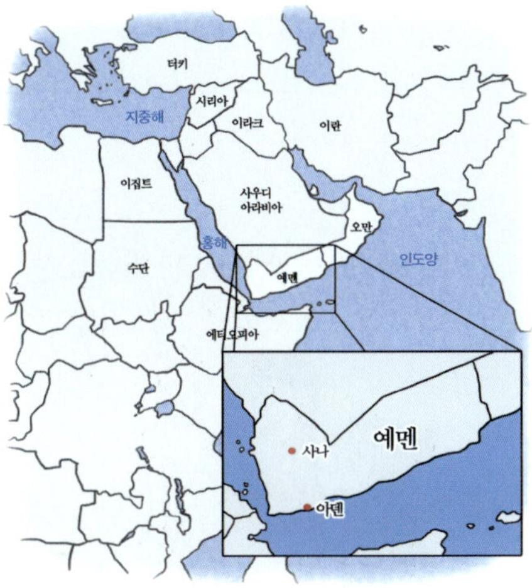

원두

● 핵심 내용 :

● 세부 내용 :

2.

현재 새로 짓는 공공 화장실의 경우 여자 화장실의 변기 수를 남자 화장실의 1.5배로 늘리고 있는데 이것으로는 부족하다. 더 늘려야 한다. 우선 여자들이 남자들보다 화장실을 이용할 때 걸리는 시간이 훨씬 더 길다. 또한 백화점, 공원, 박물관 등의 공공 화장실을 이용하는 사람은 여자가 남자의 2배 이상 된다. 따라서 남자 화장실보다 여자 화장실이 훨씬 많아야 하는 건 당연하다. 그럼 얼마나 많아야 할까? 2010년 상하이 엑스포 때에는 여자 화장실이 부족하여 여자 화장실의 변기 수를 2.5배로 늘렸는데, 이 정도가 되었을 경우 불편하지 않게 사용할 수 있었다고 한다. 얼마나 늘려야 할지는 여러 가지로 생각해 봐야 할 일이다. 어쨌든 1.5배보다는 더 많아야 한다.

공공 화장실　　　소변기

● 핵심 주장 : ____________________

● 근거 : 1. ____________________

____

2. ____________________

____

3.

어떤 사람이 능력 있는 사람일까? 일본의 한 회사에서 '밥 빨리 먹기'라는 문제를 주고 밥을 빨리 먹는 시간 순서에 따라 신입사원을 뽑았다. 그런데, 이 때 뽑힌 직원들이 실제 일을 할 때 아주 잘 했다고 한다. 밥을 빨리 먹으면 일을 잘 한다는 말일까? 그건 아니라고 본다. 그 때 뽑힌 사람들 중에 실제로는 밥을 천천히 먹는 사람도 많았을 것이라고 생각한다. 그 사람들은 밥을 천천히 먹지만 시험에 합격해야 한다는 목표가 있을 때는 빨리 먹는 사람들일 것이다. 뭔가 해야 할 때 그걸 해내는 사람이 능력 있는 사람이다.

해내다

- 핵심 주장 : ______________________
- 근거 : ______________________

____

08 세부 내용 파악하기 1

Ⅱ.

● 가격 차별화라는 말을 들어 봤습니까?

● 상황에 따라서 같은 물건의 가격이 다른 경우가 있습니다. 어떤 것들이 있을까요?

가격 차별화

물건의 값은 언제 어디서나 같을까? 비행기표 값은 그 때 그 때 다르다. 크리스마스나 휴가철에는 보통 때보다 많이 비싸다. 슈퍼마켓에서 500원이면 살 수 있는 생수를 설악산을 등산하다가 사려면 2,000원을 주어야 살 수 있다. 이렇게 값이 다른데도 사람들은 그 물건을 산다.

앞에서 살펴본 것처럼 대부분의 물건은 시간이나 장소에 따라 값이 달라지게 된다. 이처럼 장소나 시간이 다르면 그 물건의 필요한 정도가 달라지기 때문에 다른 가격으로 팔 수 있다. 이것이 경제학에서 말하는 '가격 차별화'인데, 같은 물건을 다른 시장에서 다른 가격으로 파는 것이다. 물건을 파는 사람은 가격 차별화를 잘 활용하면 더 많은 돈을 벌 수 있다.

그런데 요즘은 인터넷을 통해 가격비교를 해 보면 바로 그 물건의 값을 알 수 있다. 사람들이 가격이 다르다는 것을 안다면 아무도 비싸게 사지 않을 것이다. 따라서, 가격 차별화를 하려면 다음 두 가지 조건 중 하나가 필요하다. 우선 시장이 확실히 나누어져 있어야 한다. 다른 시장에서 값이 싸다는 것을 알면 그 곳에 가서 살 것이다. 둘째로, 싼 시장에서 물건을 사다가 비싼 시장에서 다시 파는 비용, 즉 두 시장 사이의 물건 이동 비용이 두 시장 사이의 가격 차이보다 커야 한다. 이동 비용이 가격 차이보다 작으면 물건을 사다가 팔 것이다.

위에서 살펴본 것 이외에 우리가 일상생활에서 볼 수 있는 가격 차별화도 있다. 극장의 조조할인이나 주차장 이용 요금이 시간에 따라 다른 것 등은 시간에 따른 차별가격이다. 박물관이나 버스 요금의 학생 할인은 나이가 서로 다른 시장에서의 차별가격이라고 할 수 있다.

영화 요금표

		어린이	중고생 및 청소년	성인	만 65세 이상
월~목	조조	5,000원			
	일반	6,000원	7,000원	8,000원	5,000원
금.토.일 및 공휴일	조조	5,000원			
	일반	6,000원	7,000원	9,000원	5,000원

주차장 요금 안내

주간	최초 30분 3000원 이후10분당 1,000원
야간 (20~06)	기본요금의 50% 할인

박물관 입장료

입장요금

	아동	청소년	성인
일반	4,000	9,000	11,000
단체	3,000	7,000	9,000
특별할인 5,000원			

차별화　　조조할인

1) 윗글을 읽고 핵심 내용과 세부 내용에 밑줄을 치고 메모하십시오.

- 핵심 내용 : ______
- 세부 내용 : ______

• 가격 차별화란? : ______

• 가격 차별화의 조건 : 1. ______

2. ______

• 일상생활에서 가격 차별화의 예 :

1. ______

2. ______

2) 윗글의 내용과 다른 것을 고르십시오. (　　)

❶ 가격 차별화는 특별한 상황에서만 가능하다.
❷ 학생 버스 요금 할인은 시간에 따른 가격 차별화의 예이다.
❸ 가격 차별화는 같은 물건을 시장에 따라 값을 다르게 하는 것이다.
❹ 가격 차별화를 하면 물건을 파는 사람은 물건을 많이 팔 수 있다.

3) 가격 차별화를 하려면 어떤 것이 필요합니까? 두 개 고르십시오. (　　,　　)

❶ 두 시장에서 파는 물건이 완전히 달라야 한다.
❷ 두 시장이 확실히 나누어져 있어야 한다.
❸ 두 시장이 가까워서 쉽게 오고 갈 수 있어야 한다.
❹ 시장 사이의 물건 이동 비용이 가격 차이보다 커야 한다.

4) 가격 차별화의 예로는 또 어떤 것이 있을까요? 친구들과 이야기해 보십시오.

정리해 봅시다

세부 내용에 밑줄을 긋고 정리해서 메모하면 내용을 이해하기가 쉽습니까? 친구들과 이야기해 보십시오.

09 세부 내용 파악하기 2

학습목표 : 글을 읽고 세부 내용을 이해할 수 있다.

준비해 봅시다

● 아래 글에서 어느 쪽이 이해하기 쉽습니까?

운전면허증을 딸 수 있는 나이는 법으로 정해져 있습니다. 운전 면허증은 18세 이상이 되어야 딸 수 있습니다. 그렇지만 트럭 같은 화물차는 21세부터 가능합니다. 오토바이는 16세 이상이면 딸 수 있고, 가장 어려울 것 같은 자가용 비행기는 17세부터 가능합니다. 여기서 말씀드린 나이는 모두 만 나이입니다.

운전면허 가능 나이

	나이
오토바이	만16세 이상
자가용 비행기	만17세 이상
자동차	만18세 이상
화물차	만21세 이상

한국 운전 면허증

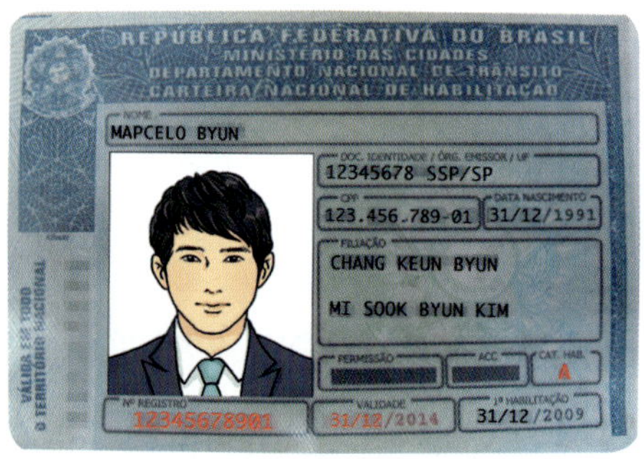

브라질 운전 면허증

도움말

세부 내용을 이해하기 위해 읽은 내용을 표로 정리하면 이해하기 쉽습니다. 표로 정리할 때는 어떤 내용을 어떻게 정리할지 생각하고 만들어야 합니다.

읽어 봅시다

I. 핵심 내용과 세부 내용을 표로 정리해 보십시오.

1.

오른쪽으로 걷는 것이 편한가? 왼쪽으로 걷는 것이 편한가? 혼자 걸을 때에는 괜찮지만 많은 사람이 걸을 때는 방향을 정하는 것이 좋을 것이다. 통행 방향의 변화를 살펴보면 1905년에는 사람과 자동차 모두 오른쪽으로 다니도록 했다가 1921년에 왼쪽으로 바뀌었다. 그 후 1946년에는 자동차만 오른쪽으로 다니도록 바꾸었다. 이것이 2010년까지 계속되다가 7월부터 사람과 자동차 모두 오른쪽으로 다니도록 바뀌었다.

통행방향 변화

	사람	자동차
1905년	오른쪽	
1921년		
1946년		
2010년		

2.

자동차는 전륜 구동과 후륜 구동으로 나눌 수 있는데 각각 장단점이 있다. 전륜 구동은 앞 바퀴를 돌려 차를 움직이게 하는 방식인데 눈이 오는 날에도 차가 별로 미끄러지지 않는다. 하지만 뒷자리에 앉았을 때 편안한 느낌이 없다. 후륜 구동은 뒷 바퀴를 돌려 차를 움직이게 하는데 뒷 자리에 앉았을 때 편안하고 좋다. 그러나 뒤에서 바퀴를 돌리기 때문에 눈이 오는 날에는 쉽게 미끄러진다. 편안함을 생각하면 후륜 구동을, 계절에 관계 없이 실용적으로 사용할 것을 생각하면 전륜 구동을 선택하는 것이 좋다.

전륜 구동　　후륜 구동　　바퀴　　방식　　미끄러지다　　실용적

전륜 구동과 후륜 구동의 장단점

	장점	단점
전륜 구동		
후륜 구동		

3.

현재 한국 사람들이 쓰고 있는 성과 이름은 삼국시대부터 쓰이기 시작하여 시대에 따라 변화하였다. 성과 이름이 쓰이기 시작한 것은 삼국시대이지만 일부의 왕족과 귀족들만 사용했다. 성을 일반적으로 쓰기 시작한 것은 고려시대부터이다. 이때부터 아버지의 성을 따르기 시작했으나 모든 사람이 성을 가지고 있지는 않았다. 조선 전기가 되면서 거의 모든 사람들이 성을 가지게 되었다. 조선 후기에는 사회가 변화하면서 신분이 가장 낮은 사람들도 성을 가지게 되어 모든 사람이 현재와 같은 성을 가지게 되었다.

삼국시대　　왕족　　귀족　　신분

삼국시대	
고려시대	
조선전기	
조선후기	

Ⅱ.

- 여러분은 하루 중 무엇을 하는 시간이 가장 깁니까?
- 남자와 여자는 각각 무엇을 하는 데 시간을 더 많이 쓸까요?

한국인은 시간을 어떻게 쓰고 있을까?

한국인은 시간을 어떻게 쓰고 있을까. 2009년 실시한 생활 시간 조사 결과에 따르면 한국인의 시간 활용은 성별과 나이에 따라 달랐다.

20세 이상의 성인들은 하루 24시간 중 수면 및 식사에 10시간 53분(45.3%), 직장일과 집안일 등의 노동에 7시간 56분(33.1%), 여가 활동에 5시간 11분(21.6%)을 사용했다. 이 중에서 직장일과 집안일에서 남녀 차이를 보였다. 직장일을 하는 시간은 남자가 4시간 52분, 여자 2시간 48분으로 남자가 2시간 4분 많았고, 집안일을 하는 시간은 여자가 3시간 35분, 남자가 42분으로 여자가 남자보다 2시간 53분 많았다.

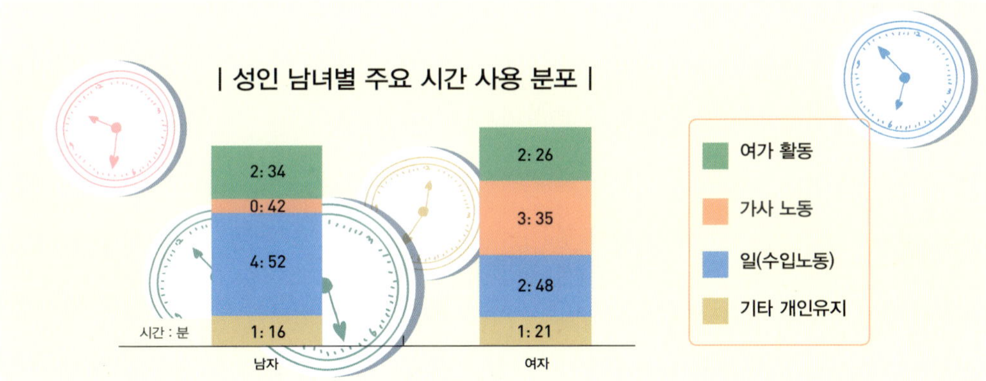

직장일과 집안일을 하는 시간에서 남녀 차이가 큰 이유는 여성 전업주부의 비율이 남자 전업 주부보다 훨씬 높고, 집안일은 여자의 일이라는 생각 때문인 것으로 보고 있다.

학생들은 하루 중 수면 및 식사에 10시간 49분, 학습 및 노동에 9시간 1분, 여가 활동에 4시간 10분을 사용했다. 학습 및 노동 시간 중에서 학습시간이 6시간 39분이었는데 학습 시간은 고등학생이 9시간 10분으로 가장 길었고, 중학생 7시간 24분, 초등학생 6시간 14분, 대학생 3시간 47분 순으로 나타났다. 여기서 대학생의 학습 시간이 초등학생보다 적게 나타난 것은 대학생은 정규 수업 시간이 적고 수업 이외에 학원 등에서 학습하는 시간이 별로 없기 때문이다. 여가 시간은 고등학생이 3시간 10분으로 가장 적었고 중학생 4시간 1분, 초등학생 4시간 30분, 대학생 5시간 5분 순으로 많았다.

성별　　노동　　전업주부　　비율

09 세부 내용 파악하기 2

1) 윗글을 읽고 핵심 내용과 세부 내용을 표로 정리하십시오.

- 핵심 내용 : ______________________

- 성인과 학생의 시간 활용

	수면 및 식사	노동/학습	여가 활동
20세 이상 성인			
학생			

- 학생별 시간 활용

	초등학생	중학생	고등학생	대학생
학습 시간				
여가 시간				

2) 윗글의 내용과 다른 것을 고르십시오. (　　)

❶ 성인과 학생의 수면 및 식사 시간은 비슷하다.
❷ 여가 활동 시간은 성인이 학생보다 길다.
❸ 학생 중에서 대학생의 학습 시간이 가장 짧았다.
❹ 초등학생은 정규 수업 시간이 많아서 대학생보다 학습 시간이 길다.

3) 성인 남녀의 시간 활용에서 차이를 보이는 부분과 이 글에서 추측하고 있는 원인을 쓰십시오.

- 차이를 보이는 부분 : ______________________

- 원인 : ❶ ______________________

  ❷ ______________________

4) 여러분 나라에서 위와 같은 조사를 하면 어떤 결과가 나올 것 같습니까? 친구들과 이야기해 보십시오.

정리해 봅시다

표를 만들어서 정리하면 내용을 이해하기가 쉽습니까? 친구들과 이야기해 보십시오.

10 모르는 단어 추측하기

학습목표 : 글을 읽을 때 모르는 단어의 의미를 추측할 수 있다.

준비해 봅시다

- 아래 문장에서 진하게 표시된 단어의 의미를 알고 있습니까? 그 단어의 의미를 추측해 봅시다.

- **과체중인 사람**이 운동 효과가 높다. 다시 말하면, 뚱뚱한 사람이 운동을 하면 살이 더 잘 빠진다.
- 대부분의 채소는 그냥 먹는 것이 좋으나 토마토는 **익혀서** 먹는 것이 좋다.
- 바쁜 아침에 밥을 차려 먹는 것은 **번거롭기** 때문에 보통 아침은 간단하게 먹는다.
- 한국의 여름은 기온이 높고 습기가 많지만 겨울은 기온이 낮고 **건조하다.**
- 농구 경기에서 **동점**으로 경기가 끝나면 5분 동안 경기를 더 해서 이긴 팀을 결정한다.

도움말

모르는 단어가 있을 때에는 그 단어의 앞 뒤를 잘 살펴보면 어떤 의미인지 생각해 볼 수 있습니다. 그 단어가 '그러나, 그런데, 반대로' 등으로 연결되면 뒷 문장이나 앞 문장의 내용과 반대의 의미입니다. 또, 단어가 '다시 말하면' 등으로 연결되면 뒤 문장이나 앞 문장의 내용과 비슷한 의미입니다. 또, 그 단어의 뒷부분에서 그 의미를 설명해 주는 경우도 있습니다.

읽어 봅시다

I. 진하게 표시된 단어의 의미를 추측하면서 읽어 보십시오.

1.

침대 회사의 광고 중에 '침대는 가구가 아니고 과학입니다'라는 말이 나온다. 침대는 허리와 관계가 있기 때문에 이런 광고를 만들었을 것이다. 사람의 허리뼈는 옆에서 봤을 때 긴 'S'자 모양을 하고 있고, 누웠을 때도 그 모양이 그대로 있는 것이 좋다. 우리 몸에서 무거운 부분은 엉덩이인데 침대가 너무 **푹신하면** 엉덩이 쪽이 들어가게 되어 허리가 아프다. 반대로 침대가 너무 딱딱하면 엉덩이 부분이 올라가게 되어 어깨나 등이 불편해진다. 따라서 침대는 너무 푹신하지도 않고 딱딱하지도 않아야 한다.

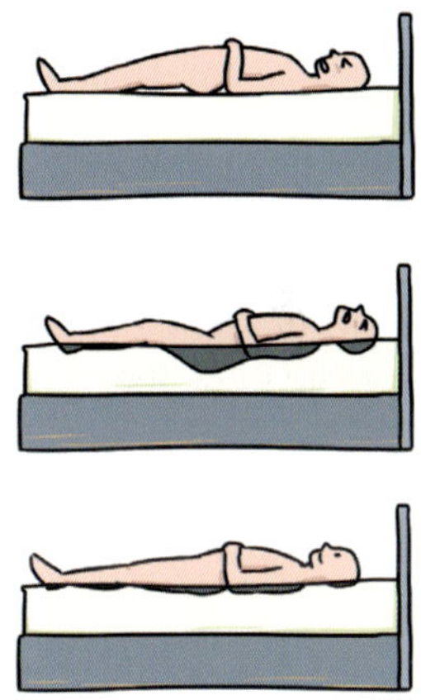

허리 엉덩이 어깨 등

1) '푹신하다'의 의미를 무엇으로 추측할 수 있습니까? (   )

❶ 엉덩이 ❷ 딱딱하다 ❸ 들어가다 ❹ 올라가다

2) '푹신하다'의 의미는 무엇일까요?

2.

깊은 바다 속은 밤처럼 **깜깜하다**. 바닷물이 아무리 깨끗해도 150m이상이 되면 햇빛이 전달되지 않는다. 햇빛이 없으면 식물이 살 수 없기 때문에 먹이가 부족하다. 먹이가 부족하면 먹이를 오게 만들어야 하는데, 먹이를 **유인하는** 좋은 방법은 빛을 만드는 것이다. 이런 이유 때문에 깊은 바다에 사는 생물들 중에는 스스로 빛을 만들 수 있는 생물들이 많다.

식물 먹이 스스로

1) '깜깜하다'의 의미를 무엇으로 추측할 수 있습니까? 두 개 고르십시오. (,)

❶ 깊은 바다 속 ❷ 밤처럼 ❸ 깨끗해도 ❹ 햇빛

2) '유인하다'의 의미를 무엇으로 추측할 수 있습니까? 쓰십시오.

3) '깜깜하다'와 '유인하다'의 의미는 무엇일까요?

❶ 깜깜하다 :

❷ 유인하다 :

3.

눈을 현미경으로 보면 예쁜 꽃 모양인데 눈꽃마다 모양이 다 다르다. 하나도 같은 것이 없다. 이 눈꽃의 끝은 가시 같이 **뾰족하게** 되어 있어서 눈이 잘 뭉쳐지게 한다. 그래서 눈싸움을 할 때 눈을 뭉칠 수 있고 높은 산에서도 눈이 미끄러지지 않고 쌓여 있을 수 있다. 그런데 날씨 때문에 눈이 조금 녹았다가 다시 얼면 눈꽃의 뾰족한 부분이 계란처럼 **동그랗게** 된다. 그러면 눈이 서로 연결될 수 없게 되고 연결 되어도 약하게 연결 된다. 눈이 연결이 안 되어 있거나 약하게 연결되어 있을 때에는 쌓였던 눈이 쉽게 미끄러진다. 이렇게 해서 산사태가 발생하게 된다.

현미경　　　뭉쳐지다　　　산사태

1) '뾰족하게'의 의미와 '동그랗게'의 의미를 무엇으로 추측할 수 있습니까? 쓰십시오.

❶ 뾰족하게 : ______

❷ 동그랗게 : ______

2) '뾰족하게'의 의미와 '동그랗게'의 의미는 무엇일까요? 쓰십시오.

❶ 뾰족하게 : ______

❷ 동그랗게 : ______

10 모르는 단어 추측하기

Ⅱ.

- 여러분 고향과 한국은 어떤 문화적인 차이가 있습니까?
- 문화적인 차이는 무엇 때문에 생길까요?

형일까? 동생일까?

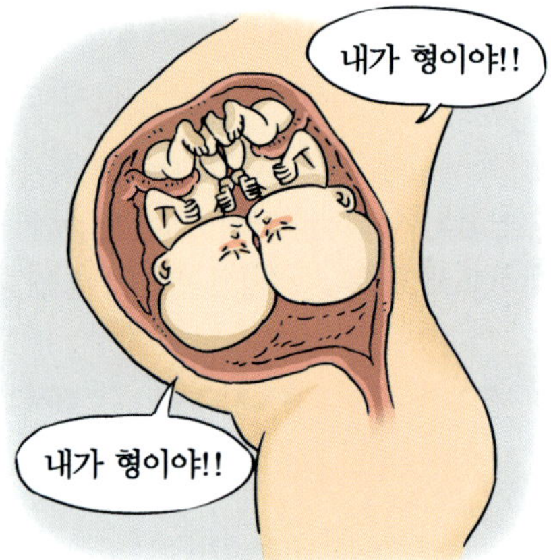

나라마다 지역마다 문화적인 차이가 있다. 그런 차이 중에는 어떤 나라에서는 당연하다고 생각하는 것들이 다른 나라에서는 아닌 경우도 있고 완전히 반대인 경우도 있다.

쌍둥이 중에서 누가 형인가? 먼저 태어나는 것이 형인가, 동생인가? 쌍둥이 중에서 누가 형인가에 대한 것도 문화에 따라서 다르다. 한국에서는 쌍둥이 형제 중에서 먼저 태어난 아기가 형이다. 그런데 대부분의 유럽에서는 먼저 태어나는 아기가 동생이다. 서양에서는 먼저 **수정된** 것을 기준으로 하기 때문이다. 먼저 수정된 아기는 위쪽에 **착상한다**. 즉, 쌍둥이 중에서 먼저 만들어진 아기가 위쪽에 자리 잡는다. 따라서 위쪽에 있는 아기가 형이고 아래 쪽에 있는 아기는 동생인데, 아래 쪽에 있는 아기가 먼저 태어나니까 먼저 태어나는 아기가 동생이 된다. 무엇을 기준으로 하느냐에 따라 결과가 반대이다. 따라서 한국인 쌍둥이 형제가 프랑스에 가면 순서가 바뀌게 된다.

부모님이 돌아가신 후에 누가 재산을 받느냐도 문화마다 다르다. 요즘은 아들, 딸, 첫째, 둘째에 관계없이 똑같이 나누어서 받는 것이 보통이지만 과거의 한국에서는 큰 아들이 재산을 받았다. 그러나 몽골에서는 반대로 **막내**가 부모님의 재산을 받았다. 이런 차이는 생활 모습과 관계가 있는데 농사를 짓는 지역에서는 한 곳에 **정착하고** 가족을 돌봐야 하기 때문에 큰 아들이 재산을 받았다. 물론 부모님으로부터 재산을 받은 큰 아들은 자기 혼자 재산을 갖지 않고 동생들에게 나누어 주었다. 하지만 몽골처럼 농사를 짓지 않고 계속 이동하면서 생활하는 지역에서는 자식들이 어른이 되면 결혼을 하고 부모님에게서 재산을 받아 따로 산다. 따라서 형들은 먼저 결혼을 하고 마지막으로 막내가 부모님의 남은 재산을 받게 된다. 두 경우는 방법은 반대인 것 같지만 결과는 비슷하다고 할 수 있다.

당연하다　쌍둥이　서양　자리 잡다　농사　이동

1) 윗글에서 다음 단어는 무슨 뜻일까요? 글을 읽으면서 추측해 보십시오.

	추측을 도와주는 단어
수정되다	
착상하다	
막내	
정착하다	

2) 쌍둥이 형제의 순서를 정하는 것에 대한 설명으로 틀린 것을 고르십시오. (　　)

❶ 한국에서는 쌍둥이 형제 중 먼저 태어나는 아이가 형이다.
❷ 유럽에서는 쌍둥이 형제 중 나중에 태어나는 아이가 동생이다.
❸ 쌍둥이 형제의 순서가 다른 것은 문화마다 기준이 다르기 때문이다.
❹ 유럽에서는 과학적인 이유로 쌍둥이 형제의 순서를 결정한다.

3) 부모님으로부터 재산을 받는 것에 대한 설명으로 맞는 것을 고르십시오. (　　)

❶ 몽골에서는 막내가 부모님의 재산을 받는다.
❷ 한국에서는 큰 아들은 결혼해서 따로 살았다.
❸ 몽골에서는 모든 자식들이 결혼 후에 부모님과 함께 산다.
❹ 한국에서는 부모님이 자식 모두에게 재산을 나누어 주었다.

4) 부모님으로부터 누가 재산을 받느냐는 문화마다 다릅니다. 여러분 나라는 어떻습니까?

정리해 봅시다

위에서 모르는 단어를 추측해서 내용을 읽었습니다. 내용을 이해할 때 위에서 연습한 방법을 사용하면 도움이 됩니까? 같이 이야기해 보십시오.

부록

:: 모범 답안

:: 색인

:: 출전

모범 답안

01 훑어 읽기

Ⅰ.

1. 1) 생략
   2) ❶
2. 1) ❷
   2) ❸, ❹
3. 1) ❸
   2) 좋은 점 : 공부를 하고 싶어하지 않는 아이를 하게 만들 수 있습니다.
   문제점 : 상을 주지 않으면 하지 않습니다.

Ⅱ.

1) (❷) → (❶) → (❹) → (❸)
2) ❷
3) 보통 사람이 쉽게 배울 수 없었습니다. 중국 한자로 우리말을 쓰려면 불편한 것이 많았습니다.
4) 생략

02 주제문 찾기

Ⅰ.

1. 향기가 가게의 매출에 도움이 될 수 있습니다.
2. 주유소에서 여러 가지 일을 할 수 있습니다.
3. 많은 생물들은 자신을 보호하기 위해 다양한 방법을 사용합니다.

Ⅱ.

1) 잠을 잘 자려면 스트레스를 줄여야 합니다.
   음식을 적당히 먹는 것도 중요합니다.
   자기 전에 따뜻한 물로 목욕을 하는 것도 좋은 방법입니다.
2) ❶ ○ ❷ ○ ❸ × ❹ ×
3) ❶, ❷
4) 생략

03 핵심어 찾기

Ⅰ.

1. 1) 수면 시간
   2) ❸
2. 1) ❷
   2) 종이책, 전자책
3. 1) 나이테
   2) ❶

Ⅱ.

1) 상황, 인간
2) ❹
3) ❶
4) 생략

04 정보 찾기

Ⅰ.

1. ❹
2. ❹
3. ❹

Ⅱ.

1) ❶ 현재 알려진 세계의 언어는 약 6,800개 정도입니다. ❷ 중국의 북경 표준어인 만다린어가 가장 많은 사람들이 사용하는 말이며 ❸ 그 이유는 문자가 없는 언어가 점점 사라지고 있기 때문입니다.
2) ❸
3) ❶
4) 생략

05 논점 파악하기

Ⅰ.

1. ❹
2. 1) 책의 종류나 상황에 따라 독서의 방법이 달라질 수 있다.

2) 정독, 다독

3. 1) 영어 공용어의 사용에 찬성한다.
   2) 지금은 국제화 시대이고 영어는 이미 세계 공용어이다.(대부분의 나라에서 영어로 의사소통을 하고 있고, 국가 관계나 기업의 관계에서 중요한 문서는 영어로 작성되고 있다. 그러므로 영어를 잘 못하면 세계 경쟁 사회에서 뒤처질 것이다.)

Ⅱ.

1) ❸
2) 장점-편리하게 다양한 의견을 표현할 수 있다. 표현과 비판이 자유롭다. 단점-다른 사람에게 의도하지 않은 피해를 줄 수 있다. 악성댓글 문제가 생긴다.
3) ❹
4) 생략

06 구조 파악하기 1-비교와 분류-

Ⅰ.

1. 1) 여자와 남자의 사고 유형
   2) ❶
2. 1) 동적인 유형, 승부욕과 관계없는 유형
3. 1) 글과 말(의 차이)
   2) ❹

Ⅱ.

1) 컴퓨터와 자동차
2) ❶ × ❷ ○ ❸ × ❹ ○
3) 컴퓨터에 대한 잘못된 생각과 필요 없는 두려움을 없애는 것이다.
4) 생략

07 구조 파악하기 2-인용과 예시-

Ⅰ.

1. 1) 실험용 흰 쥐
   2) ❸
2. 1) 상품의 과대 포장
   2) 어떤 녹차의 포장을 살펴보면 비닐로 포장한 것을 알루미늄 캔에 넣고 다시 나무 상자에 담아 종이 상자에 넣은 것을 다시 포장지로 싸서 판다.
3. 1) 서비스 정신(호텔 경영인의 서비스 정신)
   2) 자신을 알아보는 것을 부담스러워하는 고객에게는 편히 지낼 수 있도록 개인적인 질문을 하지 않는 것이 좋을 것이다. 또한 영어나 한국말을 거의 못하는 고객에게는 일반 고객에게 제공하는 것보다 더 알기 쉽게 안내를 해야 할 것이다.

Ⅱ.

1) 남자 윗옷과 여자 윗옷의 옷을 여미는 방향(이 다른 이유)
2) 비교, 대조, 인용
3) ❹
4) 생략

08 세부 내용 파악하기 1

Ⅰ.

1. 핵심 내용 : 커피를 처음 마시기 시작한 곳은 예멘일 것이다.
   세부 내용 : 예멘의 아덴 근처에서 12세기부터 커피를 마셨을 것이다.
2. 핵심 주장 : 공공화장실의 여자 화장실 수를 늘려야 한다.
   근거 : 1. 여자들이 남자들보다 화장실을 이용할 때 걸리는 시간이 훨씬 더 길다.
   2. 공공화장실을 이용하는 사람의 숫자는 여자가 남자의 2배 이상이다.
3. 핵심 주장 : 뭔가 해야 할 때 해내는 사람이 능력 있는 사람이다.
   예시 : 한 회사의 신입사원 시험에서 밥을 빨리 먹는 사람을 뽑았다. 이 사람들은 뽑히기 위해서 열심히 했다.

Ⅱ.

1) 핵심 내용 : 가격 차별화를 잘 활용하면 돈을 더 많이 벌 수 있다.
   세부 내용 : 가격 차별화란 같은 물건을 다른 시장

에서 다른 가격으로 파는 것이다.

조건 : 1. 시장이 확실히 나누어져 있어야 한다.

2. 두 시장 사이의 물건 이동 비용이 두 시장 사이의 가격 차이보다 커야 한다.

예 : 극장의 조조할인, 시간에 따라 다른 주차장 이용 요금, 박물관이나 버스요금의 학생할인

2) ❷

3) ❷, ❹

4) 생략

09 세부 내용 파악하기 2

Ⅰ.

1.

	사람	자동차
1905년	오른쪽	오른쪽
1921년	왼쪽	왼쪽
1946년	왼쪽	오른쪽
2010년	오른쪽	오른쪽

2.

	장점	단점
전륜 구동	눈이 와도 별로 미끄러지지 않는다.	뒷자리에 앉았을 때 편안한 느낌이 없다.
후륜 구동	뒷자리에 앉았을 때 편안하고 좋다.	눈이 오면 쉽게 미끄러진다.

3.

삼국시대	성과 이름을 쓰기 시작 일부 귀족과 왕족만 사용
고려시대	성을 일반적으로 쓰기 시작 아버지 성을 따르기 시작
조선전기	거의 모든 사람이 성을 가지게 됨
조선후기	모든 사람이 현재와 같은 성을 가지게 됨

Ⅱ.

1) 핵심 내용 : 한국인의 시간 활용은 성별과 나이에 따라 달랐다

성인과 학생의 시간 활용

	수면 및 식사	노동/학습	여가 활동
20세 이상 성인	10시 53분	7시 56분	5시 11분
학생	10시 49분	9시 01분	4시 11분

학생별 시간 활용

	초등학생	중학생	고등학생	대학생
학습 시간	6시 14분	7시 24분	9시 10분	3시 47분
여가 시간	4시 30분	4시 01분	3시 10분	5시 05분

2) ❹

3) 차이를 보이는 부분 : 직장일을 하는 시간과 집안일을 하는 시간

원인 : ❶ 여성 전업주부의 비율이 남자 전업주부보다 훨씬 높음 ❷집안일은 여자의 일이라는 생각

4) 생략

10 모르는 단어 추측하기

Ⅰ.

1. 1) ❷

2) 생략

2. 1) ❶, ❷

2) 먹이를 오게 만들어야 하는데

3) 생략

3. 1) ❶ 뾰족하게 : 가시 같이

❷ 동그랗게 : 계란처럼

Ⅱ.

1)

	추측을 도와주는 단어
수정되다	만들어진
착상하다	자리 잡는다
막내	큰 아들
정착하다	이동하는

2) ❷

3) ❶

4) 생략

색인

:: 출전

과	저자	참고자료	페이지
04	강순경	『지구촌 언어여행』, 명지출판사, 2003.	46~47 210~126 232~236
06	홍윤표	「컴퓨터 입문에서 활용까지」, 『국어생활 16』, 국어연구소, 1989.	61~62
07	박영수	「남녀 성별에 따라 옷을 여미는 방향이 다른 이유」, 『창조적 사고와 글쓰기』, 한양대 출판부, 2009.	
08	김성윤	『커피이야기』, 살림, 2004.	13~15
	이지훈	『혼창통, 당신은 이 셋을 가졌는가?』, 쌤앤파커스, 2010.	53~54
	팀 하포드 김명철(역)	『경제학 콘서트』, 웅진지식하우스, 2006.	74~89